생각하는 몸,
발레하는 몸

생각하는 몸,
발레하는 몸

김경희 지음

Ballet Dancing
with Thinking
Body

성균관대학교
출판부

머리말

    학생들의 발레 수업에 처음으로 소매틱으로 접근하였을 때, 다시말해, 완전히 기본으로 돌아가서 기초부터 다시 가르치기 시작하였을 때, 학생들의 반응은 "뭐 이래?"였다. 자신의 몸에서 긴장을 풀지 못하는 학생들은 "이렇게 '쉽게' 하라고?" 도무지 믿기 어렵다는 표정이었다. 심지어, 탈의실에서는 서로 킥킥(?)거린다는 말까지 들렸다… 나는, 그런 학생들을 보며, 안타까운 마음에, 더더욱 열심히 지도하였다. (사실, 그러면 안 되는 거였다!)

    얼마 후, 학생들은 강하게 거부하였다. 급기야, 학생들이 들고 일어났다! 못하겠다고 한다. 덕분에(?), 나는 학교로부터 "… 수업 중에 '소매틱'을 강요하지 말라!"는 경고를 받았으며, 문제를 제기한 해당 학년이 졸업할 때까지 그들의 발레 수업에서 "배제"되었다… 그런데, 현재, 그들은 졸업하여 다른 여러 곳에서 '소매틱 발레'를 가르친다고 한다….

    독일의 철학자 쇼펜하우어(A. Schopenhauer)의 명언이 생각나는 대목이다.

"모든 진리는 인정받기 전에 세 단계를 거친다.

첫째, 조롱받고,
둘째, 반대에 부딪히고,
셋째, 자명한 진실로 간주된다."

뿐만이 아니었다. 나의 사랑하는 제자들로부터 조롱당하고, 외면당하고 소외된 비통한 마음으로 쓴 "소매틱 관점에서의 발레 교수법 연구"는 하마터면, '게재불가'의 위기에 놓일 뻔하였다. 어느 심사자가 "…이 연구는 연구자 개인의 생각"이라고 판정하였다. 입증할 자료를 충분히 제시하였는데도 말이다. 아마도 충분하지 못하였나 보다….

『마음으로 하는 발레 공부』가 출간되고 나서 그동안의 나의 연구논문들을 찬찬히 다시 읽기 시작하였다. 늦기 전에, 그간의 연구내용을 수정, 보완해야겠다는 생각이 들었다. 더 깊은 성찰과 체득으로 얻어진 지식과 경험으로 좀 더 구체화시키며, 나의 글에 생명력을 불어 '다시―쓰기'를 하였다.

노자(老子)는 "나의 도(道)는 매우 알기가 쉽고, 행하기도 매우 쉽다; 그런데 천하에서 능히 아는 자가 없고, 능히 행하지도 않는다."라 하였다. 학생들은 "너무 어려워요!"라고 너무 쉽게 말한다. 이 말은 "오히려 매우 알기가 쉽다"는 것을 의미하는데 말이다…. 너무 쉬워서 행하지 않으려고 하는 것은 아닌지(?) 모르겠다.

많은 무용수들이 그렇다. 뛰고, 돌고, 꺾고, 휘고, 무지무지 어려운 테크닉은 잘도 한다. 그런데 매우 기초적이며, 쉬운 동작은 오히려 힘들어한다. 모든 움직임(춤 동작)을 힘들게만 하려고 하는 무용수들, 그리고 지도자들에게 전하고 싶다. 사실, 이러한 마음으로 시작한 글쓰기 작업은 자신을 변화시키고자 하는 나의 노력인지도 모르겠다.

이제는 심신의 불필요한 긴장이 무엇인지를 깨달아가고 있으며, 이것을 그만두는 것을 학습하고자 한다. 소매틱 학습 과정(somatic learning process)이다.

이러한 노력이 멈추지 않고 지속될 수 있도록 응원해주며 다음 책을 기대해주는
모든 분들께 감사의 마음을 전한다.

"They call it Ballet,

I call it Somatic!"

많은 사람들이 'Ballet'라고 하지만, 모든 춤들이 그러하듯, Ballet가 'Somatic'이라
생각한다. 나는 '발레'로 교육하고, '발레'로 치유하며, '발레'로 양생(養生)할 수
있으리라 확신한다.
우리 모두 사유(思惟)하는 몸으로 발레를 함으로써 건강하고 행복한 삶을
영위하시길 간절히 바라는 마음이다.

'내려놓음'을 학습하며,

2022년 9월

김경희 씀

감사의 글

'기교'가 아니고 '기본'임을 강조하며, "몸은 거짓말을 하지 않는다."라는 진실만을 믿고 시작한 나의 지루하고 끈질긴 여정에 함께해 준 제자, 김수혜, 그리고 후발대로 참여한 정지형에게 감사의 마음을 전한다.

아낌없이 신뢰와 애정으로 지지해 준 우리 무용학과의 김나이 교수, 전은자 교수에게 심심(甚深)한 감사를 표한다.

왼쪽 정렬만을 고집하는 나의 무리한 요구를 이번에도 들어주신 성균관대학교 출판부의 신철호 선생님의 세심한 배려에 깊은 감사의 마음을 전한다.

그리고, 나의 오랜 제자 김윤수, 이영주, 김윤선, 서고은, 김유미, 김세용, 장수진과 현재 학생들에게도… 그들이 없었더라면, 나의 연구는 지속될 수 없었기에 진심으로 고맙게 생각한다.

로댕이 했던 말인가? "시간이 그 일을 존중해 준다."

연구에 매진했던 오랜 시간이 나의 노력을 인정해 주기를 바라는 마음이다. 비록 그렇게 되지 않는다 하더라도 나는 매우 행복하고, 감사하다.

Contents

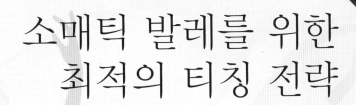

소매틱 발레를 위한
최적의 티칭 전략

1. 움직임 재교육(Movement re-patterning)

소매틱스(Somatics)란 1976년 토마스 한나(Thomas Hanna)가 명명한 신조어로, 이는 내적인 신체 감각과 경험을 강조하는 체화된 감각(embodied awareness), 바디워크(body work), 그리고 움직임 연구(movement studies)를 포함하는 일련의 학문 분야를 일컫는다(Somatics, 2021, Oct. 21). 그러나 소매틱의 역사를 살펴보면, Alexander Technique, Feldenkrais Method, Rolfing, Ideokinesis, Bartenieff Fundamental 등 'Somatics'란 신조어가 나오기 전에 몇몇 움직임 연구자들에 의해 움직임 방법론들이 창안되었다(Eddy, 2009, p. 6).

이러한 방법론들은 소매틱 학습에 기초한, 즉 몸의 소리에 귀를 기울여 자각(Self-awareness)을 하기 위해 고안되었다. 왜냐하면 소매틱 움직임 이론의 주체는 신체(Body)이며, 몸을 통해 자각이 생기기 때문이다. 이렇게 소매틱의 모든 이론들은 '살아 있는 몸(living body)'의 경험으로부터 출발한다. 따라서 소매틱 기법들은 신체에 주의를 기울이는 지혜로부터 창안되었다 할 수 있겠다.

이러한 소매틱 기법들은 움직임 재교육(Movement re-patterning)을 목적으로 한다. 소매틱 움직임 재교육에 있어 'Re-patterning', 'Re-education', 'Re-training'은 약간의 미묘한 차이는 있지만 거의 동일한 학습 과정을 의미한다. 이러한 움직임 재교육을 목적으로 하는 대부분의 기법들은 신체적 접촉(physical contact)을 통하여 신체 자각을 일깨워주는데, 사용되는 접촉의 방식은 매우 다양하다.

움직임 재교육을 위해서는 신체 접촉뿐 아니라, 호흡(Breathing), 소리내기(Sound) 등과 같은 몸에 관련된 경험들을 포함한다. 또한 학습자는 스스로의 신체 감각(body-awareness)을 증진시키기 위해 모든 동작을 천천히 함으로써 신체와 정신을 통합시켜 '통합된 인간(integrated person)됨'을 추구하게 된다.

소매틱 기법의 과정은 귀납적(inductive), 즉 학습자 스스로가 답을 찾아내는 과정을 중요시 하지만, 연역적(deductive), 즉 지도자가 답을 주는 과정도 포함한다. 이러한 과정을 반복, 수행함으로써 소매틱 관점에서의 움직임 재교육은 교육적(educational)이 될 수 있으며, 또한 치료적(therapeutic)이 될 수 있는 것이다 (에디, pp. 1-37).

그렇다면 이러한 "소매틱의 관점에서 발레는 어떻게 지도해야 하는가?" 가장 중요하다고 생각되는 점은 "학습자의 신체 자각을 어떻게 증진시켜줄 수 있는가"가 가장 중요한 과제라고 판단된다. 이를 위해 우선 세 가지 문제제기를 하고자 한다. 첫 번째는 'Barre'를 잡고 꼭 연습을 해야 하는가?, 두 번째는 '거울'을 보면서 꼭 연습을 해야 하는가?, 세 번째는 '오른쪽'부터 꼭 시작해야 하는가?이다.

첫 번째, 왜 'Barre'를 붙들고 꼭 연습을 하는가?

대학교 3학년 때인가 보다. 미국에서 오신 에드리엔 델라스 선생님(선화예술중학교에서 발레를 가르친 첫 번째 외국 선생님) 수업에서, Barre 연습이 끝나고 센터에 나와 Barre에서 했던 모든 동작들을 그대로 하라고 하시면서, 이 연습을 "Barre in Center"라고 했다. 처음에는 플리에(Plié)조차도 제대로 할 수 없을 정도로 몸이 많이 흔들렸지만 연습을 반복할수록 중심이 잘 잡히게 되었다.

몇 년 후 뉴욕에서 만난 도쿠도브스키 선생님(New York Conservatory of Dance 창립자) 수업에서도 Barre 연습 동작을 그대로 센터에서 하게 하였다. Relevé-up 해서 하는 동작은 물론, 심지어는 Relevé-up하여 Arabesque penché까지도 하게 하였다. 연습실은 아수라장이 되었던 기억이 난다. 이런 경험이 있은 후로 나는 거의 한 달에 한 번꼴로 나의 수업에서 Barre in Center를 하고 있으며, 요즘엔 아예 처음부터 Barre를 잡지 않고 센터에서 Barre 연습 기본 동작을 하여 학생들로 하여금 몸의 균형을 먼저 찾을 수 있도록 지도한다. 나는 이를 'Center Barre'라고 부르고 있다.

그러면 발레 연습에서 왜 처음부터 Barre를 잡고 하는 것일까? 우리는 여기에서, 키로프 발레 학교에서는 처음 일 년 동안은 Barre를 잡지 않고 마룻바닥에서의 연습과 다른 대안의 훈련 방법으로 연습한다는 점에 주의를 기울일 필요가 있다. 보리스 크니아세프(Boris Kniaseff)는 이미 1950년대에 'barre par terre', 즉 'floor barre'라는 연습방법으로 무용수들을 지도하였으며, 그 결과 발레 무용수들의 훈련 기간이 현저하게 줄어들었다고 한다(Gardan et al., p. 195). 이 방법은 그 후 영국 로열 발레 스쿨의 대안 연습방법이 되었다(Autere, p. 190).

사실상, Barre는 여성 발레 무용수들이 토슈즈를 신기 시작하였을 때, 무용수들이 균형을 잡기 너무 어려웠기 때문에, 만들어졌다고 한다(Autere, p. 130). 파리오페라 발레단의 주역 무용수였던 Wilfride Piollet과 Jean Guizerix도 미국의 현대무용가인 머스 커닝햄(Merce Cunningham)과의 연습 이후 「백조의 호수」 공연이 더 잘되었던 경험으로, 아예 Barre를 잡고하는 연습을 중단하였다 한다(Autere, p. 23).

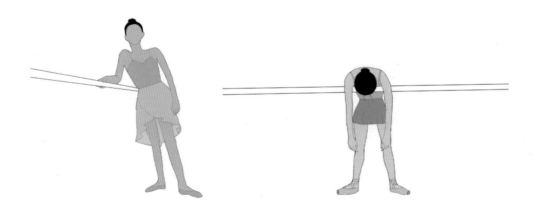

이토록 Barre에 매달려 있어야 하는가?

그렇다면, Barre를 잡지 않고 연습을 해야 하는 이유는 무엇일까? 이는, Barre를 잡음으로써 팔과 어깨의 움직임이 고정되어, 서 있는 다리에서 상체로 연결되는 근육의 흐름이 방해를 받게 된다. 다시 말해, 서 있는 발의 충분한 지지를 못 받게 된다는 것이다(Sandall, 2018, Feb. 19). 이렇게 Barre에서 습득된 자세와 움직임은 센터에서의 자세와 움직임을 결정하게 되는데, 결국에는 Barre를 잡고 억지로 만들어 놓은 자세 때문에 센터에서는 오히려 균형을 잡지 못하게 되는 것이다 (Paskevska, p. 54).

Barre에서의 몸의 기억(body memory)과 센터에서의 몸의 기억이 달라야 하는가? 그렇지 않다. 그렇다면 왜 Barre를 붙들고 억지로 180° Turn-out을 시켜놓고 센터에서는, 그렇게 하지 못하니까, 100° 정도 혹은, 각자의 골반에 따라 조금씩 차이가 나겠지만, 180°에 못 미치는 Turn-out을 하는 걸까?

그렇기 때문에, Barre를 붙들고 억지로 몸을 만든다면 예를 들어, Barre를 꽉 붙들고 억지로 발만 Turn-out을 시킨다면, 온 몸에 무리만 초래할 뿐, 센터에 나와서는 균형도 못 잡게 된다. 왜? Barre에서 45분간의 시간을 낭비하는가? (Sandall, 2018, Feb. 19). 즉 Barre를 잡고 연습을 해야 하는 의미가 없으며, 오히려 무용수의 몸의 기억만을 혼돈시키게 된다. 이렇게 우리의 몸의 기억을 혼돈시키는 이러한 시간을 없애고, 연습 시작부터 Barre를 잡지 않음으로써 자신의 몸에 집중하여 연습하는 것이 소매틱 관점에서의 효율적 발레 지도법이라 생각된다.

두 번째, 거울을 보면서 꼭 연습을 해야 하는가?

그렇지 않다. 자신의 몸에 집중하기 위해서는 거울을 보지 않고 연습을 해야 한다. 왜 자신의 몸이 느끼는 것보다 거울에서 보이는 자신의 움직임을 더 믿는 것일까? 거울에 비친 자신의 신체 어느 부위를 보는 것일까? 발?, 혹은, 다리, 팔? 우리의 척추는 눈의 위치에 의해 결정되어진다. 생각해보자! 우리의 머리는 4~5킬로그램 정도의 무게이다. 이 무게가 연습할 때마다 거울 속의 발만 본다고 한다면 우리의 뒷목은 얼마나 긴장될 것인가? 우리 몸의 균형을 잡기 위해, 거울

속에 비친 자신의 움직임을 보는 것이 아니라, 눈의 위치를 정확하게 함으로써 목 근육의 정렬을 유지하는 것이 중요하다. 따라서 동작 수행 중에 자신의 움직임을 확인하기 위하여 절대 거울을 봐서는 안 되는 것이다(Beaumont, & Idzikowski, pp. 35-36). 왜냐하면, 거울 속에서는 자신의 기량을 판가름할 속 근육(inside muscles)을 볼 수 없으며, 또한 발레가 갖는 미적 아름다움 역시 찾아볼 수가 없기 때문이다 (Autere, p. 25). 그리고 우리의 뇌는 자신이 움직이면서, 그 움직임을 보면서, 동시에 분석하도록 되어 있지 않다는 점이다. 그런데도 계속 거울을 보면서 연습을 할 것인가? 무엇 때문에?

거울을 보고 연습하면 안 되는 중요한 이유는 또 있다. 인간은 움직이고자 하는 방향으로 시선을 돌린다. 그렇기 때문에 우리가 어느 쪽을 보든지, 그쪽을 본다면, 우리의 신경계(nervous system)는 우리가 그쪽으로 가는 줄 알고 우리가 가기 전에, 이미 약간의 속근육을 긴장시키며 사용하고 있다는 것이다.

예를 들어, 우리가 거울이 있는 왼쪽을 보면서 오른쪽으로 간다면, 우리의 신경계는 왼쪽으로 가는 줄 알고, 속근육을 왼쪽으로 사용하며, 오른쪽으로 향하고 있는 겉근육을 충분히 도와주지 못하게 된다(Autere, p. 25). 그렇기 때문에 결국에는 부상으로 이어지게 되는 것이다. 그러니까 거울을 보면서 동작을 하는 것이 아니라, 거울을 보지 않고 자세를 몸에 익혀 연습하는 것이 중요하다.

아주 오래 전 수업 중에, 왼쪽으로 거울을 보면서 오른쪽 방향으로 Cabriole devant 연습을 하다가 왼쪽 무릎 십자인대가 끊어져 버린 남학생이 생각난다. 그 학생은 왼쪽으로 거울을 쳐다보고 오른쪽으로 향하다가, 왼쪽 착지가 불안정하게 되어 큰 부상을 입게 되었다. 그 당시에 나는 착지에만 문제가 있다고 생각했었다. 그때 난 착지가 불안정하게 된 이유를 생각했어야 했다. 거울을 보고 동작을 했기 때문이었다. 그때, 거울 앞에서 연습을 시키지 말았어야 했다!

또 다른 이유는, 거울 앞에서 연습을 시키다 보면 학생들이 거울을 보느라 정확한 자세를 잡지 못하게 된다. 그렇게 되면 많은 교사들은 "거울 보지 말고!" 라고 외쳐댄다. 왜? 언제까지? 학생들을 거울 앞에 세워놓고 '거울을 보지 말라'고

거울을 보면서 Cabriole devant을 연습하는 남학생

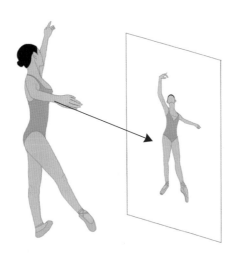

거울을 보고 연습하는 모습 – Effacé devant
[사실, 정확한 시선 방향은 왼쪽, 앞, 사선, 위(Left, Forward, Diagonal, High: ▨)이다.]

외쳐대야 하는가?

요즘 나는 거울이 없는 쪽을 정면으로 하고 연습을 시킨다. 원래, 무대에는 거울이 없지 않은가? 무대에서 무용수들이 거울을 보면서 공연을 하던가? 거울을 열심히 보면서 연습하고, 실제 무대에서는 거울 없이 공연하고… 그러니까 공연 전 무대 리허설에 그토록 많은 시간이 걸리는 것이다. Barre를 잡지 않고 연습해야 하는 이유와 똑같다.

우리의 '몸의 기억'을 거울을 보면서 연습함으로써 혼돈시키지 말고, 거울을 보지 않고 학습자 스스로가 몸을 자각하여 연습하는 것이 더 효율적이라 판단된다. 이와 같이, 움직임을 재교육(re-patterning)시키기 위하여, Barre 없이, 거울 없이 연습을 시킨 후 약 3개월 정도가 지났을까, 학생들이 자신의 몸에 온전히 집중하고 있다는 것이 관찰되었다.

세 번째, '오른쪽'부터 꼭, 먼저 시작해야 하는가?이다.

이 부분에 대해서는 Autere(2013)도 "always to the right first?"(p. 156)라고 문제 제기를 하였다. 그녀는 거의 대부분의 무용교사들이 왜 항상 오른쪽부터 연습을 하는가에 대해 의문을 갖기 시작하였다.

우리가 오른쪽으로 하는 것을 더 좋아하나? 아니면, 좌뇌(left hemisphere)가 움직임을 관할하기 때문에 자연스럽게 오른쪽부터 움직임을 시작하는 걸까? 아니면, 어느 신경과학 박사님이 "오른쪽이 활동적(active side)이다"라고 하신 말씀이 맞는 건가? 그렇다면, 왼손잡이는 또 어떻게 설명해야 하는가? 수십 년간 연습을 오른쪽부터 해서인가? 나는 왼쪽으로 무게중심을 잡는 것이 훨씬 더 편하다. 이렇게 되면 좌우의 균형이 맞질 않게 되는데….

몇 년 전부터 나는 모든 연습동작을 왼쪽부터 시작하게 하였다. 처음에는 학생들이 많이 어색해하였지만, 차츰 좌우의 균형을 조금씩 찾아가는 모습이 관찰되었다. Martha 선생님이 수업 중에 하신 말씀이 생각난다. "양치질도 왼손으로 해보라"고 하셨다. 첫날은 양치질이라기보다 치약을 입술 주변에 잔뜩 묻히는 일로

Why not Left first?

왜 항상 오른쪽부터? 왼쪽부터 하면 안 되나요?

끝났다. 지금은 많이 자연스러워졌다. 나는 일상에서의 움직임도 가능한 한 왼쪽과 오른쪽을 번갈아 해보려고 노력한다. 아직까지, '식사'와 '글쓰기'는 엄두도 못내고 있지만, 가끔씩 나의 이름을 왼손으로 써보려는 노력을 하고 있다.

학생들에게 Barre와 Center에서의 연습동작은 물론, Variation도 왼쪽 방향을 하게 하였다. 학생들은 매우 어색해하였지만, 학생들의 얼라인먼트가 오히려 자연스럽게 더 정렬이 잘 되어 있는 것이 확인되었다. 이는 왼쪽으로의 근육기억 (muscle memory)이 없으므로, 자신의 몸에 내재되어 있는 기본적 얼라인먼트에 의존하며, 자신의 속근육들을 사용하기 때문인 것이다.

대부분의 발레 작품 Variation에서는 한쪽 다리를 반복적으로 무리하게 사용한다. 신체의 불균형은 당연하다⋯. 나는 오른쪽으로 잘하고 싶다면, 왼쪽으로도 연습을 충분히 해야 한다고 주장한다.

국선도 수련방법 중에 '기신법'이 있다. "왼쪽"부터 시작한다. 선생님이 "왼쪽부터 해야 몸이 안 다친다."라고 말씀하신다. 우리나라 말에도 "좌, 우"라고

오른쪽으로 Sissonne   왼쪽으로 Sissonne

(왼쪽으로 Sissonne를 할 때, 오히려 alignment가 더 잘 맞는다!)

하지 "우, 좌"라고 하지 않지 않는가? "음, 양"이라고 하지, "양, 음"이라고 하진
않는다. 나는 이 또한 같은 맥락이라고 생각한다. 우리의 움직임을 '왼쪽'부터 먼저
해보면 어떨까? 제안해본다.

　　앞서, 언급하였듯이,

　　첫째, Barre 없이,

　　둘째, 거울보지 않기,

　　셋째, 왼쪽부터 시작해보기를 실천해보면,

자신은 물론 학습자의 신체 자각 능력이 증진되었음을 분명 느끼게 될 것이라
확신한다.

2. 최적의 티칭 전략(Optimal Teaching Strategies)

학습자의 신체 자각을 증진시키기 위하여 여러 가지 티칭 전략이 있지만 다음과 같이 세 가지 티칭 전략을 제안하고자 한다. 첫째, 구두의 큐(Verbal Cues), 둘째, 촉각의 큐(Tactile Cues), 셋째, 시각화/이미지화 큐(Visualization/Imagery Cues)이다.

1) 구두의 큐(Verbal Cues)

우리는 발레를 배우러 연습실에 들어가는 순간부터 수많은 구두의 큐 사인(sign)을 받으며 연습해왔다. 기억해보면, 어려서 처음 발레를 배우기 시작할 때에는 "이렇게 하세요.", "저렇게 하세요."라는 말을 많이 듣고 배웠다. 이는 정보를 익히게 하기 위함이다. 그러나 이미 숙련된 학생들은 "이렇게 하지 말고, 저렇게 하지 말고, 이렇게 해서는 안 되고, 저렇게 해서도 안 되고." 등 "하지 말라"는 말을 더 많이 듣게 된다. 잘못된 습관 때문이다. 그리고 학생들은 왜 하지 말아야 하는지를 알아야 무엇이 올바른지를 분명하게 알 수 있고 또 앞으로도 잘못되지 않기 때문에, 지도자는 "하지 마라"라는 구두의 큐 사인을 무수히 많이 하게 되는 것이다. 나는 수십 년간의 연습과정과 교육과정에서 경험하고 체득한 중요한, "해서는 안 되는" 다섯 가지 구두의 큐 사인에 대해 언급하고자 한다.

첫째, "발뒤꿈치를 앞으로 보내!"이다.

왜? 발뒤꿈치를 앞으로 보내야 하는가? Turn-out 때문이다. 그러나 Turn-out은 엉덩이 뒤쪽에서 고관절에서부터 시작되어야 하는 것이지 발만 Turn-out을 하는 것은 아니다. 이를 뒷받침해주는 자료들은 충분하다(Arnheim, p. 53; Clarkson, & Skrinar, p. 79).

심지어, Plié를 할 때 발뒤꿈치를 앞으로 더 보내는 학생들도 있다. 발뒤꿈치는 반드시 바닥을 누르고 지탱하고 있어야 한다. 발뒤꿈치만 앞으로 밀면 발바닥의 arch는 무너지게 되고, 무릎 관절은 뒤틀리고, 고관절은 오히려 Turn-in이 되는 것이다. 또한 이는 무지외반증을 생기게 하는 중요한 원인이 될 수 있다. 그렇기 때문에 "발뒤꿈치를 앞으로 보내!"가 아니고 "발뒤꿈치로 바닥을 누르고…"로 구두의 큐를 주어야 한다.

발뒤꿈치만 앞으로 보낸 자세

Plié를 할 때 발뒤꿈치를
앞으로 더 보낸 자세

무지외반

둘째, "Pull-up!"이다.

'Pull-up'을 어떻게 하란 말인가? 'Pull-up'은 잡아당겨서 올리라는 말인데, 어디를 어떻게 올려야 한다는 말인가? 대부분의 많은 학생들에게 'Pull-up'을 하라고 하면, 숨을 들이마시면서 가슴을 들어 올리는 것이 관찰된다(참조: 다음 사진).

숨을 들이마시면서 가슴을 들어 올린 자세

'Pull-up'은 우리 몸의 자세를 똑바르게 수직으로 곧게 세우라는 구두의 큐이다 (Autere, p. 9). 그렇기 때문에 그냥 "Pull-up!"이라고 하지 말고 "숨을 내쉬면서 (exhale)" 그래야 횡격막이 이완되어 위로 올라간다. 그리고는 "발바닥으로 마루를 밀면서 척추를 길게"라고 구두의 큐를 주는 것이 학생들 스스로가 올바른 'Pull-up' 자세를 잡기에 더 효율적이다. 따라서, "Pull-up"이 아니라 "숨을 내쉬면서, 척추를 길게(lengthening)!"라고 하는 것이 올바른 구두의 큐이다.

셋째, "엉덩이에 힘!" 혹은 "엉덩이를 쪼여라!"이다(참조: 다음 사진).

엉덩이에 힘을 주게 되면 골반 주위의 운동성이 방해를 받는다(Autere, p. 16). Grieg(1994)는 "엉덩이를 집어넣지 않아야 근육이 편안해짐을 느낀다."(p. 55)라고 언급하면서, 엉덩이 쪼이는 것을 "용서받지 못할 죄(unpardonable sin)"라고 하면서 엉덩이를 집어넣지 않아야 함을 강조하고 있다.

엉덩이를 쪼인 자세('용서받지 못할 죄')

심지어, Autere(2013)는 "엉덩이 근육을 긴장시키면 안 되고, 엉덩이를 휴가 보내라"(p. 241)라고 까지 하였다. 그렇게 해야 고관절이 제 위치에 있게 되어 편안하게 움직일 수 있다는 것이다. 더욱이 "Plié를 할 때에는 sitting bones를 양쪽으로 벌리면서 해야 한다"(p. 258)고 강조한다. 엉덩이를 쪼이게 되면 고관절 주위의 속 근육들(6 deep hip rotators)이 짓눌리게 되며, 그 상태로 연습을 반복하게 된다면 통증을 유발하고 결국에는 고관절 연골 손상이 생기게 된다(Calais, p. 212). 뿐만 아니라, 골반이 후굴(posterial tilting) 되어 좌골신경을 누르기 때문에 좌골 신경통으로 이어지게 된다(Autere, p. 258). 많은 발레 무용수들이 고관절 통증과 좌골 신경통을 호소하는 이유이다.

그렇다면 왜 엉덩이에 힘을 주라는 구두의 큐가 생겨났을까? 이유는 억지로 발만 Turn-out을 하여 중심을 잡을 수 없기 때문에, 엉덩이에라도 힘을 주어 그 억지로 된 자세를 유지시키기 위해 "엉덩이를 쪼여"라는 구두의 큐 사인을 했던 것은 아닌가? 라는 생각이 든다. 이제는 "엉덩이에 힘!"이라는 구두의 큐 사인이 아닌 "고관절에서 Turn-out을 시키고, 발은 편안하게"라고 해야 한다. 왜냐하면, 발이 편안하게 놓여 있어야 몸이 바르게 정렬되고, 몸이 올바르게 되어 있어야, 자유롭게 춤을 출 수 있게 되기 때문이다(Autere, p. 13, & p. 215).

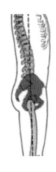

Neutral Pelvis(정상)

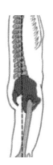

발레 무용수들에게 흔히 관찰되는
Posterior pelvic tilt(골반 후굴)

넷째, "배(똥배) 집어넣고, 숨을 참어!"이다.

대부분의 발레교사들은 학생들의 배가 나온 모습을 참지 못한다. 심지어는 "어떻게~! 발레하는 학생들이 배가 나올 수 있어!"라며 분개(?)한다.

그런데, "배 집어넣어!"라는 구두의 큐를 듣는 순간, 학생들은 배를 집어넣는 것이 아니라, 척추를, 골반을 안으로 말아 넣으면서, 골반 후굴(posterial tilting)을 만든다. 따라서, 치골(pubic bones)이 올라감에 따라, 복근이 안으로 말리면서, 복근을 제대로 사용할 수 없게 된다. 이런 상태에서 "복근을 사용해서!"라고 또 다른 구두의 큐를 듣게 된다. 어찌하라는 말씀이신지? 그리고는 "숨을 참으라"고 까지 하니, 정말이지, 병원 응급실에 실려갈 일이다.

숨을 들이마시면, 배가 나오는 것이 당연하다. 다시 말해, 우리가 움직이기 위해 숨을, 산소를 들이마시게 되면 복부가 앞, 뒤, 양옆으로 팽창하게 된다.

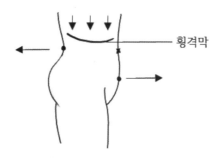

숨을 들이마시면 횡격막이 내려가면서
자연스럽게 복부는 팽창하게 된다.(옆에서 본 그림)

제발이지, 숨을 들이마시면서 배를 집어넣으라는 구두의 큐는 그만하시기
바란다!

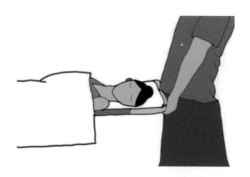

숨을 들이마시면서 배를 집어넣기를 그만하시기 바란다.

다섯째, "척추를 일자로 만들고!"이다.

어떻게 척추를 일자로 만들 수 있겠는가?

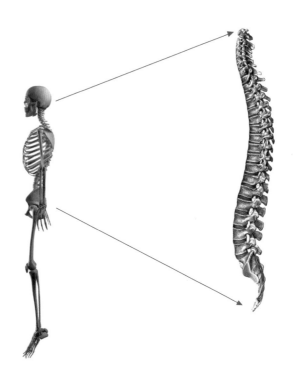

척추 Curve(옆에서 본 그림)

우리는 태어나면서부터, 발달과정에서 경추 커브와 요추 커브가 형성되었다.
발레를 배우기 전에 이미 이러한 커브가 형성되었는데, 잘못된 이러한 구두의 큐와
엄청나게 무리해서 커브를 없애려고 노력한 덕분에(?) 많은 발레 무용수들의
경추는 '역 C(reversed C)'가 되어 있으며, 요추 커브는 흔적도 없이 사라져 버렸다!
그러면서 '허리'가 맨날 아프다고 한다. 이런 상태에서 어떻게 정상적인 호흡이
가능하며, 침(타액: saliva)인들 제대로 삼킬 수 있겠는가!

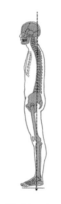
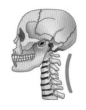
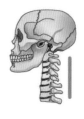
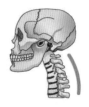

| Flat back | 정상목 | 일자목 | 역C목 |

이와 같이 해서는 안 되는, 하지 말아야 하는 것에 대해 구두의 큐 사인으로 지도를 한 후에는 "그래, 잘했어, 바로 이거야!"라는 긍정적인 피드백을 해줘야 더욱 효과적이다(리, p. 436). 또한 학생들이 최적의 움직임을 찾지 못하고 잘못하고 있는 것을 반복할 때에는 그 동작을 계속해서 시키기보다는, 잠시 중단하고 다른 전략을 시도해 보는 것이 더 바람직하다. 왜냐하면 안 되는 동작을 계속 반복 연습한다고 해서 움직임 재배치(movement re-patterning)가 이루어지지 않기 때문이다(Autere, p. 159).

지금까지 언급한 구두의 큐는 지도자(교수자)가 학습자에게 주는 가이드라인 (Guideline)이지만, 학습자 스스로가 자신에게 줄 수 있는 구두의 큐(?)도 있을 수 있다. 즉, 소리내어 호흡을 자극하여 신체를 각성시킴으로써 하고자 하는 움직임을 더욱 효율적으로 할 수 있는 것이다. 에디(2016)는 "소리를 내기 위해 성대를 진동시킴으로써 의식과 자각을 변화시키게 된다"(p. 35)라고 하였는데, 우리는 아마도 연습 도중에 어떤 동작을 수행함에 있어, 어려움이 있을 때 호흡을 과장하여, 크게 소리내어 숨을 쉰다든가, 아니면 약간의 음성을 내었을 때, 오히려 자연스럽게 움직임 수행이 가능해졌던 경험이 있었을 것이다. 이는 아마도 자신의 소리를 내어, 자신의 음성으로 스스로에게 자신의 의식과 자각을 변화시킬 수 있는 구두의 큐를 주게 되어, 하고자 하는 움직임을 용이하게 수행하지 않았나(?) 하는 생각이 든다.

동양의 무예에서 힘과 정신을 온몸에 모아 소리를 지르면서 보통 이상의 힘을 내는 술법을 말하는 '기합(氣合)'을 일례로 들 수 있다. 기합은 "발성(소리)을 통해 호흡을 조절하고, 정신을 집중하여 흐트러진 기(氣)를 바로 잡아주는 일련의 행동"(한글학회, 2008)이라고 할 수 있다. 이러한 기합뿐 아니라 요가에서는 '옴(om)'이라는 소리를 내어 몸 전체의 모든 세포를 이완시켜 무의식 혹은 잠재의식을 각성시켜 신체의 내적 감각을 확장시키고 있다. 이외에, BF(Bartenieff Fundamentals)에서는 '우~'하면서 'sagittal', '아~'하면서 'vertical', '이~'하면서 'horizontal'의 공간적 개념을 발성과 함께 인지하는 연습을 한다(Bartenieff, & Lewis, pp. 232-233).

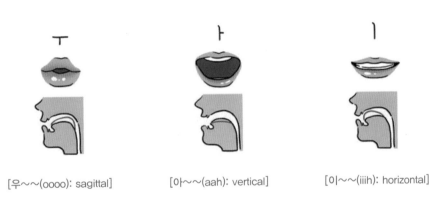

[우~~(oooo): sagittal]   [아~~(aah): vertical]   [이~~(iiih): horizontal]

발성과 공간적 개념(출처: flynabi.tistory.com)

나는, 요즈음 어떤 동작을 할 때, 자꾸 힘이 들어갈 경우, "부드럽~게!", "힘 빼고!"라는 말을 스스로에게 계속해서 큐 사인을 주면서 한다. 반복해서 하다보면 자신의 움직임이 꽤(?) 부드러워졌음을 확인할 수 있게 된다. 자신에게 한 구두의 큐 사인 덕분이다. 이와같이, 교수자뿐 아니라 학습자 스스로의 '구두의 큐' 사인은 움직임 재배치를 위한 중요한 티칭 전략이라고 할 수 있다.

2) 촉각의 큐(Tactile Cues)

대부분의 많은 소매틱 프랙티셔너들(practitioners)은 'touch'를 중요한 교육적 도구로 사용한다(Eddy, 2016, p. 135). '터치(touch)'는 손을 학습자의 신체에 댐으로써, 그 촉각으로 학습자의 근육을 감지하고 근육의 움직임을 촉진(觸診: palpation)하는 것이다.

우리 신체의 주요 감각기관 중 하나인 '촉각(sensory of touch)'을 사용하여 근육, 근막뿐만 아니라 신체 내부의 장기의 움직임까지도 감지하여 이를 촉진할 수 있는 것이다. Autere(2013)는 "가벼운 터치만으로도 충분히 신체 정렬을 바로 잡아줄 수 있다"(p. 137)고 하였듯이, 잘 숙련된 촉각은 잘못된 움직임 습관으로 인한 통증이나 여러 증상들을 해결하는 데 중요한 열쇠가 될 수 있다.

소매틱 기법 중에 특히, "Breema", "Hellerwork", "Rolfing", 그리고 "Zero Balancing"은 'touch'를 가장 중요한 도구로 사용하는 잘 알려진 소매틱 바디 워크(body work)이다(Eddy, 2016, p. 136). 따라서 구두의 큐 사인으로 학습자의 움직임 재배치가 이루어지지 않을 때, 터치(touch), 즉 촉각의 큐 사인으로 시도해 보는 것이 매우 효율적이다.

수업 중, 어깨를 올린 채로 en haut를 하고 있는 학생에게 아무리 "어깨 내려!"라고 구두의 큐 사인을 주어도 고쳐지질 않았을 때, 그 학생에게 다가가 어깨를 살짝 톡 쳐도 어깨가 툭 떨어지는 것을 확인한 경험이 있다. 이렇게 '살짝의 터치(touch)'로도 몸의 자세를 교정할 수 있다. 이는 촉각(tactile sense)이 운동감각(kinetic sense)과 소통을 하고 있기 때문이다. Autere(2013)는 자신의 학생들이 "당신 손의 터치가 없으면 잘 느끼질 못하겠어요"라고 한 말을 회상하면서 "bodylogic을 전달하는 데 있어, 손(hands)이 말(words)보다 더 지혜로울 수 있다"라고 하였다(p. 137). 이렇게 잘 훈련되어진 터치(skilled touch)는 무용수들이 자세를 잡는 데 있어 분명한 이미지를 만드는 데 도움을 줄 뿐 아니라 역동적(dynamic)으로 몸으로 전해져 우리의 몸에 blueprint처럼 기억된다(Dowd, p. 77). 발레를 지도하는 데 있어, 소매틱 접근으로서, 촉진(palpation), 즉 촉각의 큐가 정확한 자세를 모니터링하기 위해 가장 효과적이라고 할 수 있는 이유이다(리, p. 443).

　다음 사진에서 보듯이, 지도자는 학습자 뒤에 위치하여 양쪽 대퇴골두를 촉진함으로써, 학습자가 Plié를 할 때 대퇴골두가 관골구 중앙에 자리 잡는지의 여부를 확인 할 수 있게 되어 학습자에게 최적의 정렬 상태를 인지할 수 있게끔 지도할 수 있다. 만약, 어느 한쪽의 대퇴골두가 전방에서 타이트하게 느껴진다면, 고관절이 제 위치에 있지 않아 대퇴골두와 관골구 사이의 일정한 간격이 이루어지지 않은 것으로, 즉 대퇴골두가 관골구에 처박혀 있다는 의미이다. 이렇게 잘못된 자세로 지속적인 연습을 할 경우에는 결국 관골구와 대퇴골두 사이의 연골이 닳아 뼈와 뼈가 부딪히게 되어 심각한 통증을 유발하게 되며, 결국에는 괴사에 이르게 된다. 이렇게까지 나빠지지 않도록 지도자는 학습자가 플리에를 할 때 고관절 부위를 촉진하여 학습자가 잘못된 자세를 스스로 교정할 수 있도록 도와줄 수 있게 되는 것이다.

양쪽 대퇴골두(femoral head)가 관골구(acetabulum)
중앙에 자리 잡는지의 여부를 확인하기 위한 촉진

아래 사진은 Plié를 할 때 엉덩이 근육을 이완시키고 좌골(ischium)을 벌리고 있는지를 확인하는 촉진으로, 고관절을 굽힐 시, 다른 근육이 긴장되지 않게끔 (Vaganova, p. 30), 분절 운동성을 모니터링할 수 있는 최적의 촉각의 큐이다. Autere(2013)는 엉덩이를 그리핑(gripping)하여 안으로 집어넣는 것을 '용서받지 못할 죄'라고 한 Grieg의 말을 인용하면서 Plié를 할 때 엉덩이 근육을 쪼이지 말고 편안하게 해주며 양쪽의 좌골을 벌려야 한다고 강조하고 있다(p. 258).

다음 사진은 학습자 자신이 흉골 접합부(manubriosternal junction)와 치골 결합부 (symphysis pubis)를 촉진하여 등을 뒤로 젖히는지(등 그리핑), 혹은 골반을 안으로 집어넣는지(엉덩이 그리핑)를 점검하고 있다. 학습자는 자신의 골반 위에서 상체가 후방으로 기울어져 있음을 인지하지 못하고 있다. 본인은 바르게 서 있다고

엉덩이 그리핑(gripping)이 되지 않고, 대퇴골두가
관골구 중앙에 자리 잡고 있는지를 확인하기 위한 촉진

생각하지만 사실은 뒤로 젖혀져 있는 상태, 즉 '등 그리핑(Back-gripping)'이 되어 있는 상태이다.

학습자 스스로의 촉진
(자신은 바르게 서 있다고 생각하지만, 약간 뒤로 젖혀져 있는 상태)

　　다음 사진은 학습자의 손위에 지도자의 손을 포개 얹어 학습자로 하여금 골반 위에서 상체가 최적의 정렬 상태에 놓여 있는지를 찾을 수 있도록 도와주는 촉각의 큐이다. 이는 학습자의 손에서 느껴지는 동역학적 감각(kinesthetic sense)을 통해 촉각의 큐 사인의 효과를 확인하는 전략으로, 학습자가 분명하게 촉각의 큐를 인지하였는지를 확인할 수 있는 중요한 전략이다. 이와 같이 학생들의 학습과정을 지켜보면서 촉각의 큐를 점점 줄여가면서 학생들 스스로가 느끼고 교정해나가도록 교육시키는 것이 중요하다.

우리 몸의 관절은 절대 긴장되어 있으면 안 된다. 편안하게 되어 있어야
(relaxed or released), 배열이 맞게 되고(aligned) 그렇게 되어야 우리 몸의 각 부분들이
연결되어(connected), 우리가 원하고자 하는 것을 자유롭게 표현하며 춤을 출 수
있게 되는 것이다(dance). 이와 같이 불필요하게(unnecessarily), '습관적으로 과사용된
(habitually-overused)' 움직임의 긴장을 풀어주는 것이 소매틱 움직임 교육의 중요한
과제이다(Somatics, 2021, Oct. 21). 이러한 근육의 긴장도를 모니터링하기 위하여
촉각의 큐 사인만큼 효율적인 전략은 없다고 판단된다.

학습자의 촉진을 도와주기 위한 교수자의 촉각의 큐

3) 시각화/이미지화 큐(Visualization/Imagery Cues)

우리는 한쪽 팔을 들어 올릴 때에도 본인이 어떤 이미지를 갖고 들어 올리는가에 따라 '깃털처럼 가볍게' 들어 올릴 수도, 혹은 '무거운 짐을 들어 올리는 듯하게' 올릴 수도 있다.

움직임 재교육에 '심상(image)'을 처음으로 도입한 마블 타드(Mabel Todd, 2008)는 그녀의 저서인 『The Thinking Body』에서 자신의 내적 감각에 집중하여 심상을 이용함으로써 잘못된 얼라인먼트(Alignment)와 잘 안 되는 움직임 패턴을 바로잡을 수 있음을 증명하였다(p. 211). 다시 말해, 잘못된 습관을 고칠 수 있다는 것이다.

그녀의 이론은 제자인 룰루 스웨이가드(Lulu Sweigard)의 『Human Movement Potential』, 이후의 에릭 프랭클린(Erick Franklin)의 『Dance Imagery for Technique and Performance』에서도 꾸준히 연구, 발표되고 있다. 이와 같이 심상은 오늘까지도 많은 소매틱 움직임 프랙티셔너뿐 아니라 무용교육자들에게도 중요한 교육적 도구로 사용되고 있다. 왜냐하면 심상의 세계는 무한하기 때문에 학습자가 혹은 교육자가 원하고 상상하는 그 어떤 것까지도 범위를 확장시켜 이미지를 끌어올릴 수 있기 때문이다. 따라서 구두의 큐 사인과 촉각의 큐 사인에 이어 중요한 최적의 티칭 전략으로 시각화/이미지화 큐 사인을 생각해 볼 수 있다.

뉴욕에서, 호흡(Breathing) 수업이었나 보다. 항상 호흡을 하는 데 있어 혼돈이 있었던 나는 호흡에 관련된 수업은 빠지지 않고 찾아다녔다. 특히, 발레 무용수에게는 'Pull-up'의 과제가 있다. 나는 'Pull-up'을 할 때 숨을 들이마셔야 하고, 숨을 들이마실 때, 횡격막이 올라가는 줄 알았다. 그러나 그게 아니고 반대였다. 숨을 들이마실 때 횡격막이 수축되어 내려간다는 것이다. 그것이 이해가 안 되어 거의 좌절하고 있는 나에게, 선생님이 왼쪽 두 손가락에 고무줄을 끼고, 오른쪽 검지 손가락으로 고무줄 가운데를 조정하면서 숨을 들이마실 때 이렇게 횡격막이 내려가고, 내쉴 때 이렇게 횡격막이 올라가는 거라는 것을 보여주었다 (참조: 다음 그림).

숨을 들이마실 때 고무줄이
수축되어 아래로 내려간다.

숨을 내쉴 때 고무줄이
이완되어 위로 올라간다.

한참 동안 고무줄이 내려갈 때 숨을 들이마시고, 고무줄이 올라갈 때 숨을
내쉬고 하는 연습을 반복하면서 횡격막의 움직임을 완전히 이해하게 되었다.
시각화(visualization)의 힘이었다. Autere(2013)는 "시각화는 습관을 변화시키는
기적의 치료 방법"(p. 159)이라 하였다.

다음 단계로는 흉곽(Rib cage)의 움직임이었다. 나는 호흡을 할 때 가슴의
앞부분만 위로 아래로 들썩거렸지 양옆으로 벌렸다 오므렸다 하는 것인지 몰랐다.
그런데 선생님이 양동이 손잡이(bucket handle)를 보여주더니, 숨을 들이마실 때
양동이의 양쪽 손잡이가 위로 올라가는 느낌으로 갈비뼈를 벌리고, 숨을 내쉴 때는
양쪽 손잡이가 내려가는 느낌으로 갈비뼈를 오므리라고 하였다(참조: 다음 그림).

그렇게 반복 연습을 하였더니 숨을 내쉴 때, 그러니까 갈비뼈를 오므릴 때
척추 기립근이 쭉 펴지면서 몸통의 앞과 양쪽 옆, 그리고 뒤 근육이 균형이
맞아지면 몸속에서 길어짐(lengthening)을 느끼게 되었다. "아! 이것이 바로
횡격막의 'Pull-up'이구나!"라는 것을 확실하게 알게 되었다.

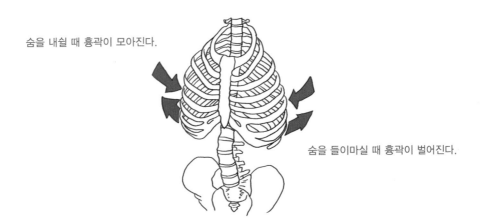

숨을 내쉴 때 흉곽이 모아진다.

숨을 들이마실 때 흉곽이 벌어진다.

이러한 두 가지 시각화 큐에 따른 반복 연습으로 'Pull-up'은 숨을 들이마시면서 가슴을 앞으로 들어 올리는 것이 아니고, 숨을 내쉬면서 횡격막을 잡아 당겨 올리는 것, 즉 횡격막을 "Pull-up" 하는 것이라는 것을 몸으로 느끼게 되었던 것이다. 이와 같이 시각화함으로써 중요한 메시지를 우리의 뼈와 근육으로,

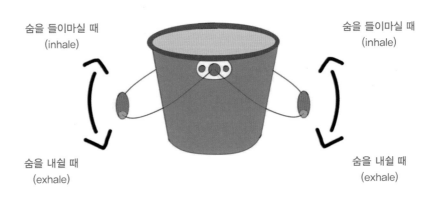

숨을 들이마실 때
(inhale)

숨을 들이마실 때
(inhale)

숨을 내쉴 때
(exhale)

숨을 내쉴 때
(exhale)

Bucket Handle

내장기관으로, 그리고 우리의 뇌 속에 존재하고 있었던 신체 이미지(Body image)로 연결시켜 과거에 기억되었던 몸의 습관을 변화시키게 되는 것이다.

시각화 큐가 뭔가 만져서 알 수 있는(tangible) 큐 사인이라고 한다면 이미지화(Imagery) 큐는 매우 추상적이고 실체가 없는, 만져질 수 없는(intangible) 큐 사인이라 할 수 있겠다. 이렇게 시각화 과정이 끝난 후 다음과 같이 상상의 나래를 펴게 했다. "어느 비 오는 날, 사랑하는 두 사람이 함께 숨을 들이마셔요. 그리곤 우산을 펴요. 서로의 눈(eyes) 속에서 태양을 발견하곤 숨을 내쉬어요. 그리곤 우산을 접어요…" 이미지화 큐를 주고 있는 것이다.

숨을 들이마실 때
(inhale)

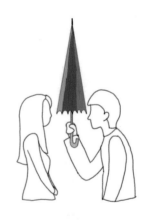

숨을 내쉴 때
(exhale)

우산 속 연인

루돌프 라반(Rudolf Laban)도 "긴장된 근육에 공기방울이 가도록 해라",

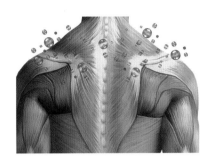

"네 머리는 구름 위에 띄우고 나무처럼 뿌리를 내려라",

"네 몸속의 에너지 라인이 공간에서 아인슈타인이 상상했던 에너지 라인과 만나라",

"사냥하는 사자처럼 어슬렁거리며 걸어봐라",

"캥거루처럼 뛰어봐라",

"glissade assemblé를 허리케인처럼 해봐라",

"마리아의 목소리처럼 부드럽게 해봐라",

"버터 속으로 미끄러지듯이 요정처럼 해봐라" 등 이미지화 큐를 많이
사용하였다고 한다(Autere, p. 160).

엄가드 바르티니에프(Irmgard Bartenieff)가 제시한
BF(Bartenieff Fundamentals)에서의 9가지 기본 원칙들 중에서
'공간적 의도(Spatial Intent)'와 '에포트 의도(Effort Intent)'가 있는데, 이 둘의 원칙들은
움직임에 분명한 '의도(Intent)'를 부여하여 신체와 정신의 연결을 창출해 내는
중요한 교량 역할을 한다. 다시 말해, 움직임을 수행하는 데 있어, 공간에서 어디로

가고 있는지에 대한 명료한 심상(心象: mental picture)을 갖게 해주어(공간적 의도),

수행자의 무게중심이 원하는 공간으로 용이하게 갈 수 있도록 도와주며, 또한

신체의 내적 충동, 즉 에포트 충동(effort impulses)을 감지하고 구체화

시켜(에포트 의도), 원하는 움직임의 역동적 표현을 증대시킬 수 있게

된다(김경희, 2006, pp. 28–29). 이러한 의도(Intent)가 비록 용어에 있어 약간의

차이는 있지만, 이미지화 큐와 같은 맥락이라고 생각된다.

이러한 이미지화 큐는 가르치는 대상의 연령, 성별 등 개인적, 사회, 문화적

배경에 따라 다양하게 나타날 수 있는데, 지도자는 학생들에게 맞는 가장 적합한

이미지화 큐 사인을 파악할 때까지 여러 가지 다른 이미지화 큐 사인을 시도해

보아야 한다(리, p. 443). 이와 같이 시각화/이미지화 큐는 우리 몸의 내적 감각을

자극시켜 최적의 움직임을 몸 안에서 만들고 연결하여 움직임을 재배치시킬 수

있으므로 소매틱 발레의 중요한 티칭 전략 중 하나라고 판단된다.

이러한 특정의 구두의 큐, 촉각의 큐, 그리고 시각화/이미지화 큐 사인은

학습자의 총체적 신체 체계(Body Systems)를 활성화시켜 움직임 최적의 정렬상태,

즉 올바른 자세를 갖게 하여, 발레 무용수들의 '자연스러운' 내면세계의 표출을

용이하게 해준다.

소매틱 발레를 지도하는 데 있어 가장 중요한 과제는 "무엇을 가르치냐?"가

아니라, "어떻게 가르치느냐?"이다. "어떻게 가르쳐야 학습자들의 신체 자각을

증진시키는가?"이다. 이를 위해 다음과 같이 제안하고자 한다.

첫째, Barre를 잡고 연습시키지 말아야 하며, 거울을 보면서 움직이게 해서는

안 된다. 그렇게 해야 학습자가 온전히 자신의 '몸의 소리'에 귀를 기울일

수 있게 된다.

둘째, 학습자에게 가능한 많은 소매틱 경험, 예를 들어, 호흡(Breathing),

소리내기(Sound), 만지기(Touch) 등을 체험케 한다.

셋째, 여러 가지 소매틱 경험들을 학생들이 체험하게 하여 학생들 개개인에

적합한 최적의(Optimized) 티칭 전략을 찾아내어야

한다(김경희, 2015, p. 67). 지도자는 학습자들로부터 '관심(attention)'과

'자각(awareness)'을 끌어내어 과거에 연습했던 방법과 비교해 보았을 때,

학습자들이 이러한 새로운 전략들이 그들 몸에서 어떻게 일어나는지

느끼게 하는 것이 매우 중요하다(리, p. 454).

넷째, 이렇게 새로운 전략으로 학습되어진 후에는 오래된 습관을

'내려놓는(letting go)것'을 강화시켜야 한다(리, p. 300).

한번 몸으로 습득된 습관은 지우기가 매우 어렵다. 그렇기 때문에 많은 시간과 노력, 그리고 지도자와 관련 전문가들의 현명하고 성실한 조언이 필요하다. 또한, 소매틱 발레를 지도하는 데 있어, 해부, 기능학적인 구조적인 관점(Structure)을 기초로 하여, 생리학(Physiology)과 심리학 (Psychology)의 접근을 시도해 본다면 보다 건강한 발레 지도법을 위한 새로운 티칭 전략이 더 나올 수 있으리라 기대하며, 이러한 시도를 우리의 다음 세대를 책임질 지도자들과 함께 시작해보고자 한다.

"발레는 움직임의 자연법칙(Mother Nature)에 어긋나는 것이 아니다."(p. 20)라고 언급한 Autere의 말을 상기하면서, 지금이라도, 잘못되었었구나라고 느꼈을 때, 변화를 시도해야 한다. 나는 그동안 연구되어졌던 정보들을 다시 재고하여 우리들의 움직임을 재교육시켜, 즉 우리 자신의 몸을 책임지고, 자각하여, 존중함으로써 보다 효율적으로, 부상 없이 연습하는 방법을 꾸준히 모색해 보고자 한다. 그것이 '움직임의 자연법칙'에 따르는 것이고, 또 그렇게 해야 가장 아름다운 최고의 발레 미(美)가 표출되는 것이라 생각된다. 왜냐하면, 가장 자연스러운 것이 가장 아름답기 때문이다!

참고문헌

김경희. (2006). **바르티니에프 기본 원리**. 서울: 눈빛.

김경희. (2015). Pedagogical Inquiry of BodyMind Dancing™. **대한무용학회논문집**, 73(4), 63–73.

리, 다이앤. (2015). **골반거들**(시리악스정형의학연구회 & 코어운동과학회, 역). 서울: 엘스비어코리아. (2010)

에디, 마샤. (2016). 신경발달적 움직임과 춤의 교육적 및 치료적 적용. **제 4회 대한무용동작심리치료학회 국제 워크샵**, 서울, 1–37.

한글학회. (2008). **우리말사전**. 서울: 어문각.

Arnheim, D. D. (1991). *Dance Injuries*(3rd ed.). Highstown, NJ: Princeton Book Company.

Autere, A. (2013). *The Feeling Balletbody*. Pittsburgh, PA: Dorrance Publishing Co., Inc.

Bartenieff, I., & Lewis, D. (2002). *Body Movement: Coping with the Environment*. New York, NY: Routledge.

Beaumont, W. C., & Idzikowski, S. (1975). *A Manual of the Theory and Practice of Classical Theatrical Dancing*. New York, NY: Dover Publications, Inc. (Original work published in 1922)

Calais, G. B. (2007). *Anatomy of Movement*. Vista, CA: Eastland Press.

Clarkson, P., & Skrinar, M. (1988). *Science of Dance Training*. Champaign, IL: Human Kinetics.

Dowd, I. (1995). *Taking Root to Fly*(3rd ed.). New York, NY: Irene Dowd.

Eddy, M. (2009). A brief history of somatic practices and dance. *Journal of Dance and Somatic Practices*, 1, 5–27.

Eddy, M. (2016). *Mindful movement: The evolution of the somatic arts and conscious action*. Bristol, UK: Intellect Books.

Franklin, E. (1996). *Dance Imagery for Technique and Performance*. Champaign, IL: Human Kinetics.

Gardan, F., Maillard, R., & Cohen, S. (1959). *A Dictionary of Modern Ballet*. London: Methuen.

Grieg, V. (1994). *Inside Ballet Technique*. Highstown, NJ: Princeton Book Company.

Paskevska, A. (2004). *Both Sides of the Mirror*. Highstown, NJ: Princeton Book Company.

Sandall, E. (2018, Feb. 19). Is It Time to Completely Rethink Ballet Class?. *Dance Magazine*. https://www.dancemagazine.com/ ballet–class–2534954449.html

Somatics. (2021, Oct. 21). Retrieved from https://en.wikipedia.org/wiki/Somatics.

Sweigard, L. E. (2013). *Human Movement Potential: Its Ideokinetic Facilitation*. New York, NY: Allegro Editions. (Original work published in 1974)

Todd, M. E. (2008). *The Thinking Body*. Highland, NY: The Gestalt Journal Press. (Original work published in 1937)

Vaganova, A. (1969). *Basic Principles of Classical Ballet*. Mineola, NY: Dover Publications.

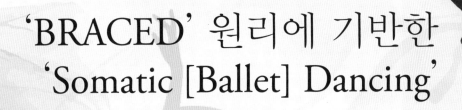

'BRACED' 원리에 기반한 'Somatic [Ballet] Dancing'

Ⅱ

유비무환(有備無患)

유비무환(有備無患)
"예방보다 더 좋은 처방은 없습니다!"

건강은 "유비무환"이 중요하다. "유비무환(有備無患)"이란 미리 준비가 되어 있으면 우환을 당하지 않는다는 뜻이다.

동양의학에서는 "미병(未病)"이란 개념이 있다. 아직까지 병이 되진 않았지만, 병이 되고 있는 상태를 말한다고 한다. 대체적으로, 우리 발레 무용수들의 건강상태는 어떠한가? 프로 발레 무용수는 물론이고, 어린 새내기 발레 초보자 그리고 심지어는 취미로 발레를 배우는 성인 발레 수강생들까지 몸의 어디 특정 부위가 아프지 않은 사람을 찾기 어려울 정도다. "미병(未病)" 상태인 것이다. 그러다가 심각하게 부상을 당하게 되면, 그때서야, 재활운동을 하면서 발레의 기본부터 다시 시작하게 된다. 처음부터 '기초'를 탄탄하게 다졌어야지!

의사는 병이 든 후에 치료를 하지만, 성인(聖人)은 아직 병이 나기 전에 다스린다고 했다(이황, p. 23). 오랫동안 교육의 현장에서 발레를 지도해온 교육자로서 많은 학생들과 무용수들이 부상과 만성 통증으로 인해 힘들어하는 모습을 보며 'BRACED' 원리를 제시하고자 한다. 'BRACED' 원리, 즉 '다치지 않도록 고안된' 이 원리를 발레 교육에 적용하여 우리 모두가 병이 들기 전에, 다치기 전에 몸과 마음을 다스려 건강한 사회인, 특히 건강한 무용인으로서 행복한 삶을 영위하길 바라는 마음이다.

미병선방(未病先防)

"미병선방(未病先防)"이다! 즉 질병이 아직 발생하기 전에 여러 가지 예방조치를 취함으로써 질병의 발생을 방지한다는 의미로, 'BRACED' 원리와 그 맥을 같이 한다고 생각한다.

BF(Bartenieff Fundamentals)를 고안한 엄가드 바르티니에프(Irmgard Bartenieff)는

9가지 기본 원리를 다음과 같이 설명하고 있다(김경희, 2006).

1. Breath Support(호흡 지지),

2. Core Support(중심부 지지),

3. Dynamic Alignment/Connectivity(동적 정렬/연결),

4. Weight Shift(무게 이동),

5. Initiation/Sequencing(시작/연속),

6. Spatial Intent(공간적 의도),

7. Effort Intent(에포트 의도),

8. Rotary Factor(회전적 요인),

9. Developmental Patterning(발달 모형) – Irmgard Bartenieff –

Irmgard Bartenieff (출처: https://en.wikipedia.org)

DE(Dynamic Embodiment)를 고안한 마사 에디(Martha Eddy)는 5가지 기본 원리를 "BARRE"의 개념으로 설명하고 있다. 즉, Breathe, Align, Reflect, Relate, Expect 인데, 호흡을 하여 몸의 정렬을 맞추고, 천천히 느끼고 반영시키며, 관련을 짓고, 새로이 동기 부여된 패턴들을 기대하고 바라는 것이다(김윤수, 김경희, 2016)라 하였다.

1. Breathe,

2. Align,

3. Reflect,

4. Relate,

5. Expect − Martha Eddy −

Martha Eddy   Dynamic Embodiment Logo

(출처: http://desmtt.movingoncenter.org)

물리치료사이며, 『The Pelvic Girdle』의 저자인, 다이앤 리(Diane Lee)는 자신의
기본 원리를 Release, Align, Connect, Move, 즉 "RACM"으로 집약해서 설명하고
있다(Lee, 2011, p. vii). 즉, 몸의 긴장을 풀고 느슨하게 하여, 신체 정렬을 맞추어,
신체의 각 부분과 연결시켜, 움직여야 함을 강조하고 있는 것이다.

1. Release,

2. Align,

3. Connect,

4. Move − Diane Lee −

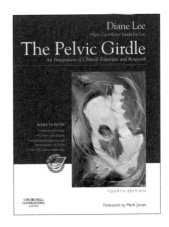

Diane Lee (출처: https://physiotherapy.ca/diane-lee)

'BRACED'란 Breathe, Relax, Align, Connect, Expect, and Dance의 각 단어 머리글자를 딴 두문자어(acronym)이다. 'braced'의 사전적 의미는 "넘어지지 않도록 대비된, 혹은 준비된"으로 해석되는데, 나는 이를 "다치지 않도록 고안된"으로 설명하고자 한다. 즉, 호흡을 잘하여, 몸과 마음의 긴장을 풀면, 신체 정렬이 맞게 되어, 몸의 각 부분은 물론 마음까지 연결될 수 있으며, 자신이 원하는 것을 바랄 수 있게 되고, 춤을 춤으로써 몸과 마음이 정화되어 몸이 다치지 않고 원하고자 하는 발레를 효율적으로 할 수 있겠다고 판단하였기 때문이다.

1. Breathe,

2. Relax,

3. Align,

4. Connect,

5. Expect,

6. Dance － 김경희 －

1. Breathe

인간이 움직임을 할 때, 가장 중요하게 그리고 제일 처음으로 생각해야 하는 과제가 '호흡'이다. 소매틱의 모든 기법에서 '호흡'을 강조하는 이유이다. 왜냐하면 호흡은 생명의 원천이며, 움직임의 원천이기 때문이다. 바르티니에프는 그녀의 9가지 기본 원리에서 첫 번째로 "호흡 지지(Breath Support)"를 꼽고 있으며 (김경희, 2006, p. 25), 척추가 생기기 전까지의 움직임 패턴에서도 세포 호흡(Cellular Breathing)과 폐 호흡(Lung Breathing)을 첫 번째 단계로 보고 있다 (Cohen, 2012, p. 161). 더욱이 인도의 요가나 중국의 기공에서도 호흡을 강조함은 두말할 나위도 없고, 국선도와 같은 한국의 심신 수련법에서는 거의 많은 시간을 호흡에 모든 의념을 집중시킨다(허경무, 2000, p. 185). 뿐만 아니라 서양의 '알렉산더 테크닉(Alexander Technique)', '펠든크라이스 메소드(Feldenkrais Method)', 그리고 '필라티스(Pilates)' 등 모든 소매틱 기법에서도 호흡부터 지도하고 있다.

그런데, 우리는 모두가 숨을 쉬고 있고, 지금까지 숨쉬며, 아직까지 '죽지 않고(?)' 살아 있기 때문에, 오히려 '호흡'에 대해 그리 심각하게 생각하고 있지 않다고 생각한다. 그런데 모두가 다 쉬고 있는 '숨'을, 어떻게 들이마시고 어떻게 내뱉을 것인가? 어느 방법에서는 코로 들이마시고, 입으로 내뱉으라 하고, 어느 방법에서는 코로 들이마시고, 코로 내뱉으라 하고, 어느 방법에서는 등으로 들이마시고, 등으로 내뱉으라 하고, 하면서 여러 가지 다양한 '구두의 큐'와

'이미지화 큐' 그리고 '촉각의 큐'까지 동원하고 있다.

이렇게 많은 사람들이 호흡을 제대로 하지 못하여 어려움을 겪는 경우를 종종 볼 수 있다. 특히, 수업 중에 학생들이 숨을 내쉬지를 못하고 계속 들이마시기만을 하는 경우가 있는데, 들이마시고 내쉬는 호흡을 편안하게만 할 수 있다면 얼마나 움직임이 자연스럽게 된다는 것을 경험하게 하는 것이 매우 중요하다(김경희, 2017, p. 26). 호흡을 잘함으로써 폐활량을 늘려 뇌에 충분한 산소를 공급하여 모든 세포가 활성화되고 항상 맑은 정신을 지키며 상쾌한 몸과 마음을 유지하게 되고 자연 치유력이 강화되는 것이다. 이것이 바로 호흡이 소매틱 움직임 교육의 주요 도구로서 사용되는 이유이다.

아주 오래전이다. 1993년 봄 학기에 미국 Texas Woman's University에서 필라티스를 접하면서, '호흡' 때문에 심하게 혼란스러웠던 기억이 있다. 그동안 내가 맞다고 생각하고 했던 호흡과 정반대였던 것이다. 숨을 들이마실 때에는 횡격막이 내려가고, 숨을 내쉴 때에는 횡격막이 올라가는, 인체의 원리를 몰랐던 것이다. 그동안의 발레 연습 과정에서 잘못 인식된 'pull-up'의 습관으로, 숨을 들이마실 때 횡격막이 올라가는 줄 알았던 것이다! (김경희, 2016, p. 28).

모든 인간이 그렇듯, 특히 무용수에게는 바르게, 즉 인체 원리에 맞게 호흡을 하는 것이 가장 중요하다. 스탠리 켈러만(Stanley Keleman)(1989)은 그의 저서 『Emotional Anatomy』에서 "자신을 컨트롤하기 위해서는 호흡을 컨트롤 해야만 한다… 호흡이 없으면 산소가 없고, 산소가 없으면 불(Fire)을 못 피우고, 불을 못 피우면 생명이 없고, 생명이 없으면 힘이 없고, 힘이 없으면 영혼/마음(spirit)이 없다. 이렇게 심장과 뇌, 그리고 호흡은 긴밀하게 연결되어 있다"(p. 48)라고 기술하였다.

모셰 펠든크라이스(Moshé Feldenkrais)(2009)는 우리의 신체적, 감정적(정신적) 흐름을 반영하는 것이 호흡이며, 호흡을 바르게 하여야 근골격계를 올바르게 맞추어 우리의 움직임을 편하게 할 수 있다고 강조하고 있다. 몇 년 전 나는

"plié를 할 때 숨을 어떻게 쉬어요?" "arabesque로 설 때 숨을 들이마시나요? 아니면 내쉬나요?"라는 질문을 받고 몹시 황당해한 적이 있다.

숨을 들이마셔야 하나? 내쉬어야 하나?

그동안 나는 발레를 배울 때 어느 누구도 호흡을 어떻게 하라고 가르쳐 준 사람도 없었고, 나 역시 학생들을 지도할 때 호흡에 대해 언급한 적이 없었기 때문이었다. 그러던 중, 어느 발레 수업에서 "숨을 내쉬면서 plié~!를 하고, 숨을 마시면서 다음 동작으로"라고 하는 구두의 큐가 귀에 들렸다. 아마도 수업 중에 호흡에 관한 무수히 많은 구두의 큐를 들었었지만, 내가 마음의 문을 닫고 못 들었었던지 아니면 정말 어느 누구도 나에게 호흡에 대해 강조해서 가르쳐 주지 않았었던지, 아직까지도 모르겠지만, 요즈음 나는 모든 동작마다 호흡에 대하여 많은 생각을 다시 하여(re-thinking), 나 자신뿐 아니라 학생들의 신체를 재배치 (re-patterning)하고자 노력하고 있다.

호흡의 원리에 따르자면, 우리가 무거운 짐을 들어야 할 때에는 숨을 들이마시고 해야 한다. 코어(core)의 지지를 받기 위함이다. 그래야 몸이 다치지 않는다. 발레수업에서 가장 처음으로 해야 하는 동작이 플리에(plié)인데, 그렇다면 플리에를 할 때에는 숨을 들이마시면서 해야 하는지?, 혹은 내쉬면서 해야 하는지?가 관건이다. 일단, 고관절을 구부릴 때에는 숨을 들이마시면서(inhale) 해야 한다. 그래야 골반기저근(pelvic floor muscles)이 수축되어 약간 위로 올라가면서, 코어의 지지를 받는 플리에가 가능해진다.

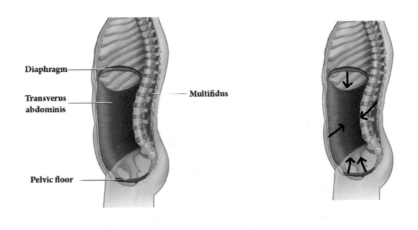

[코어(Core) Muscles]   [코어(core)의 지지를 받는 들숨(inhalation):
숨을 들이마실 때(옆모습)]

그러나, 플리에를 한 후에 많은 에너지를 요구하는 큰 동작을 할 경우에는, 숨을 내쉬면서 가볍게 플리에를 하고 숨을 들이마시면서 큰 동작으로 이어져야 몸에 무리가 가지 않는다.

일반적으로, 몸을 움직일 때에는 숨을 들이마시면서, 충분히 산소를 공급받으면서 수행해야 하지만, 어떤 특정 근육의 빠른 발달을 위해서는 숨을 내쉬면서 해야 한다. 이를 '무산소 운동'이라 하며, 주로 '웨이트 트레이닝(weight

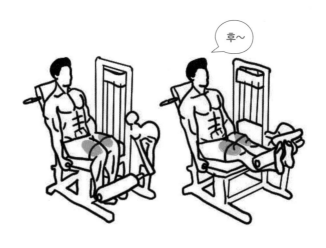

Leg Extension[숨을 내쉬면서 대퇴사두근(Quadriceps)에 집중하며 다리를 편다.]

Lat Pull-Down[숨을 내쉬면서 광배근(Latissimus Dorsi)에 집중하며 팔꿈치를 내린다.]

training)'에서는 숨을 내쉬면서, 발달시키고자 하는 근육에 집중하며 동작을 수행한다.

　그러나, 발레 수련은 근육을 빨리 키우는 연습이 아니기 때문에, 자신의 체력과 움직임에 맞는 적절한 호흡을 유지하면서 수행하여야 자연스러운 움직임이 가능해진다. 공간에서 무게중심의 높이를 올리는 동작, 예를 들어 arabesque를 할 때에나, 앉아 있다 일어나는 동작을 할 때에는 숨을 들이마시면서(inhale) 횡격막이 중력을 밀어내도록 해야 한다(Autere, pp. 76-77). 이와같이 동작의 크기, 속도, 강약 등에 따라 인체 원리에 맞는 자신의 호흡 리듬을 찾아서 자연스럽게 따라가는 것이 매우 중요하다. 또한 이러한 호흡은 몸과 마음의 긴장을 풀기 위함이라는 것을 잊지 말아야 한다.

2. Relax

호흡을 잘하게 되면 몸과 마음이 편안해진다. 우리는 운동선수가 시합을 하기 전에 호흡을 가다듬는 것을 보게 된다. 몸과 마음의 긴장을 풀기(Relax) 위함이다. 이렇게 최상의 움직임을 수행하기 위해서는 반드시 'Relax'를 해야 하는 것이다.

중국의 기공(氣功)에서도 육신에 긴장이 생기면 경맥의 소통에 지장이 생겨서 기(氣)가 잘 흐르지 못하기 때문에, 몸이든 마음이든 긴장된 상태를 풀어 놓아서, 즉 '이완'시켜서 막힌 기(氣)가 잘 흐르도록 하여야, 마치 단단하게 맺혔던 실매듭이 풀어진 것 같고, 버터가 녹아내리는 것 같은 느낌을 몸으로 느끼게 되어 때로는 손발이 따뜻해지거나 특정 부위의 근육이 꿈틀 움직이거나 목욕탕에 들어간 듯 가벼움을 느낀다(이황, p. 77)라 하였다.

기공(氣功: Qi-gong)

또한, 한국의 심신 수련법인 국선도에서도 "마음을 놓아라", "마음을 풀어라" 등의 마음을 다스리는 법을 통해 몸 안의 응어리를 풀고 마치 강박 상태일 때 허리띠를 꽉 조이는 듯한 느낌을 느슨하게 풀어주어 몸을 편하게 움직일 수 있도록 지도한다(임경택, p. 26).

국선도

이렇듯 우리가 최상의 움직임 수행 효과를 내기 위해서는 신체 원리에 맞는 호흡으로 몸과 마음을 'Relax' 시켜주어야만 한다. Autere(2013)는 "Relaxing is the key to successful balancing."(p. 129)이라 하였는데, 항상 긴장이 되어 있는 무용수들 특히, 발레 무용수들은 많은 노력을 들여서라도 'relax'하는 법을 익혀야 한다.

만약, 우리가 긴장하지 않고, 편안하게 plié를 해보면, 그것이 얼마나 균형 잡힌(balanced) plié인지 확연하게 느낄 수 있다. 이렇게 편안하게, 균형 잡힌 plié가 선행되었을 때, 다음 동작이 수월하게 그리고 최상의 움직임으로 수행될 수 있는 것이다. 왜냐하면 지지(Stability)가 잘 되어 있어야, 기동성(Mobility)이 좋아지기 때문이다. "Stability"와 "Mobility"는 엄가드 바르티니에프(Irmgard Bartenieff)가 강조하고 있는 움직임의 네 가지 주요 논제 중 하나로, 그녀는 움직임의 효율성을 극대화하기 위해서 움직임을 안정시키는 요소(Stability)와 가동시키는 요소(Mobility)의 끊임없는 상호작용의 중요성을 시사하고 있다(김경희, 2006, p. 23). 즉, 지지가

마리 탈리오니(Marie Taglioni) (출처: byronsmuse)
발레 역사상, pointe shoes를 신고 처음으로 『La Sylphide』 전막을 초연하였다.
그녀는 19세기 초, 로맨틱 발레의 부드럽고 우아한 스타일의 테크닉을 창출해 내었다.

잘되어 있어야 움직임이 자유로워질 수 있다는 설명인데…, 지극히 당연한
논리이지 않은가?

　또한, 긴장으로 인해 움직임이 뻣뻣해져 있다면, 그것은 속근육이 엉켜져 있는
것으로, 반드시 긴장을 풀어 엉켜져 있는 속근육을 풀어 주어야만 동작을 편안하게
할 수 있게 되는 것이다. 과거를 돌이켜 보면, 나는 무척이나 몸에 긴장을 많이
하고 춤을 추었었던 것으로 기억된다. 어쩌면 "한 번도 긴장을 풀어 본 적이
없었다"라고 표현하는 편이 나을 것 같다. 힘을 풀고 편안하게 다리를 들거나,
돌거나, 뛰면 왠지 틀린 것 같고, 심지어는 '열심히 하고 있지 않다'라는 '죄의식(?)'
까지 느껴졌었기 때문이다.

　선생이 되어 가르칠 때에도 마찬가지였다. 몸에 힘을 주지도 않고 plié를
하거나, 다리를 들면, "왜 이렇게 열심히 하지 않느냐?"고 야단을 치기 일쑤였고,
그냥 서 있는 자세를 할 때에도 "엉덩이에다 힘!"을 주라고 학생들의 엉덩이를
손가락으로 찌르며 엉덩이에 힘을 주고 있는지를 확인까지 하고 다녔으니 말이다!
어디서, 언제부터 이러한 잘못된 정보가 내 몸과 머릿속에 입력이 되었는지

모르겠지만, 인체의 원리를 이해하게 되고 이를 발레에 적용하게 되면서, 나는 편하게 움직임을 수행할 수 있게 되었다.

아직까지도 수업 중에 숨을 들이마시기만 하고 온몸에 과도한 긴장을 하며, 속근육을 전혀 사용하지 못하고 오직 겉근육을 사용하며 공간에다 그림만 그리고 있는 학생들을 보면 참으로 안타깝지만, 그래도 조금씩 학생들이 편안하게 발레를 하고 있는 모습이 관찰되고 있어 참 다행이라 생각한다.

기를 쓰고 à la seconde developpé를 하는 모습

많은 소매틱 기법들 중에 "Skinner Releasing Technique"이 있는데, 이 기법을 창안한 사람은 조앤 스키너(Joan Skinner)로, 소매틱 기법 창시자들 중에 유일하게 현대무용과 함께 발레를 전공한 자이다. 그녀는 무용수들이 불필요하게, 과도하게 긴장시켜 사용하고 있는 근육들을 이완시켜주는 데 교육의 초점을 두고 있다

(Joan Skinner, 2016, November 10).

　대부분의 소매틱 기법의 창시자들은 자신들이 겪은 심각한 부상이나 신체적 문제를 해결하기 위해 자신의 프로그램을 개발하였는데, 스키너 역시 무리한 연습과 잦은 공연으로 '척추디스크 파열'이라는 심각한 부상을 당하고 나서, Alexander Technique을 접한 후, 그 원리를 탐구하고 자신의 움직임에 적용하여 Skinner Releasing Technique을 개발하였던 것이다. 얼마나 많은 무용수들이 몸에 긴장하면서 무리를 주고 연습을 하여 부상을 당하고 있으면, 스키너는 자신의 이름을 걸고 긴장을 풀어주는 테크닉 방법을 개발하였을까라는 생각이 든다.

　나는 소매틱 움직임 원리에서 'Release'라는 용어보다 'Relax'라는 용어를 사용하고자 하는데, 이는 'Relax'라는 표현이 몸과 마음, 즉 심신의 긴장을 푼다는 의미에 더 적합하다고 사료되었기 때문이다. Autere(2013)는 "Proper alignment depends on relaxed feet!"(p. 13)라 하였듯이, 긴장되지 않고 편안하게 발이 놓여 있어야 몸의 배열이 맞게 되는 것이다.

3. Align & Connect

　자동차도 '얼라인(Align)'이 잘 맞아야 똑바로 굴러간다. 그렇기 때문에
정기적으로 자동차 얼라인먼트(Alignment)를 점검한다. 몸의 정렬은 더 말할 나위
없다. 몸의 정렬이란 균형 잡힌 골격의 역동적 과정이며, 골격계가 정렬이 맞아야
근육계가 덜 힘들다. 그렇기 때문에 무용수가 힘든 동작을 하면 할수록 몸의
정렬이 잘 맞아야 부상에서 벗어날 수 있다. 연습 도중에 발목이 삐끗하거나, 무릎
인대가 파열되거나, 허리가 혹은 어깨가 다쳤다고 통증을 호소하는 무용수들을
흔히 볼 수 있다. 이는 모두가 다 몸의 정렬이 맞지 않은 상태에서 무리하게 근육을
사용하다가 지속적으로 부상을 당하고 있었다고 볼 수 있다.

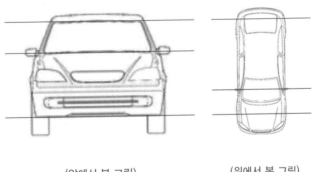

(앞에서 본 그림)　　　　(위에서 본 그림)

자동차 얼라인먼트

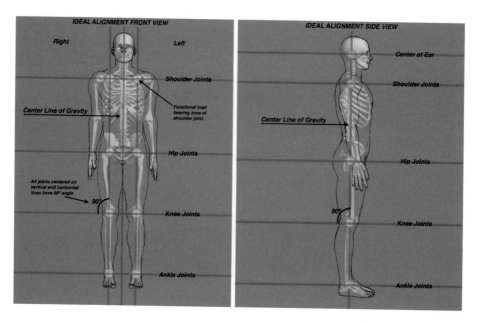

(앞에서 본 그림)　　　　　　　　　(옆에서 본 그림)

신체 얼라인먼트 (출처: pngegg)

　'기술의 도(道)'를 설명하기 위해 많이 소개되는 "포정해우(庖丁解牛)"라는 일화가 있다. 포정이란 사람이 소를 잡는 자신의 기술에 대한 질문에 이와같이 답하고 있다. "(…), 자연의 이치를 따라 뼈와 살 사이의 큰 간격을 쪼개고, 마디 사이의 큰 구멍에 칼을 넣어 자연스럽게 갈라 나갑니다. (…), 뛰어난 백정도 1년에 한 번은 칼을 바꾸는데, 이는 무리하게 살을 베기 때문입니다."라고 말하면서, 자신의 칼은 19년 동안 수천 마리나 되는 소를 잡았지만, 지금까지도 자신의 칼날은 방금 숫돌에 간 듯 잘 든다고 하였다(조성균, pp. 3-4).

　이 "포정해우" 일화를 접하는 순간 나는 정신이 번쩍 들었다. 아! 모든 것은 'Alignment'이구나… 살아 있는 몸의 법칙, 즉 자연의 법칙에 맞지 않은 상태에서 무리하게 연습을 하다가 이렇게 발레 무용수들이 자신의 몸을 상하게 만드는구나!… 하늘이 허락한 신체원리에 맞게 움직였었어야지!

포정해우(庖丁解牛)

건물을 짓는 건축가들도 구조학을 공부하고, 이를 바탕으로 건물을 짓는데, 무용하는 사람들이 인체의 구조를 모르고 춤을 춘다는 것은 모래 위에 집을 짓는 것보다 더 위험하다는 생각이 든다. 흔히들 "구조가 튼튼해야 기능을 잘 발휘할 수 있다"라고 한다. 무용수들이 몸의 정렬을 잘 맞추어 춤을 춰야 하는 이유이다.

예를 들어, 다리를 들거나, 돌거나, 혹은 뛸 때에, 몸의 골격구조에 맞게만 한다면 몸이 상하지 않고 더 효율적으로, 힘을 덜 들이면서 동작을 수행할 수 있다. 즉, 몸의 정렬이 맞아야 그때서야 비로소 속근육(inside muscles)이 사용되며, 불필요하게 바깥 근육을 무리하게 사용하지 않아도 되기 때문이다(Autere, p. 36).

몸의 정렬을 맞추기 위해서는 우선 몸의 균형(balance)이 잡혀져야 한다. 어떠한 어려운 기교나 예술적 표현을 성공적으로 해내기 위해서는 우선 몸의 균형이 선행되어야 한다. 그런데 몸의 균형을 잡는 것은 정체된(static) 신체 배열이 아니다. 왜냐하면 우리 신체의 골격구조는 퍼즐 조각처럼 약 206개 뼈로 구성되어 연결되어 있다. 심지어, 한쪽 발은 28개의 뼛조각으로 이루어져 있다(Stark, 2011).

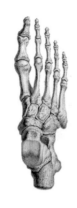

오른발, 위에서 본 그림 　　　　　오른발, 안쪽 옆에서 본 그림

(출처: pngegg)

이러한 뼛조각들이 우리가 움직일 때마다, 가만히 서 있거나, 앉아 있거나, 혹은 한 발로 서 있을 때에도 끊임없이 중심을 찾기 위해, 즉 균형을 잡기 위해 골격의 정렬을 맞추고 있는 것이고, 정렬이 맞았을 때 최소의 속근육만을 사용하고도 균형을 잘 잡고 있게 되는 것이다. 이렇게 최적의 정렬 상태를 찾았을 때 몸의 통증이 없는 것이다(Autere, p. 37).

뿐만 아니라 이때가 가장 효율적으로 움직임을 수행할 수 있게 되어, 힘들이지 않고 자연스럽게, 우아하게 춤을 즐길 수 있게 된다. '춤'이란 신체를 통하여 자신의 감정을 율동적으로 표출하는 행위라 하였는데, 신체의 정렬이 맞았을 때 비로소 가능하게 되는 것이다. 즉, 춤을 추는 1차적 목적인, 수행자의 카타르시스(katharsis)가 이루어지게 되는 것이다. 정신분석에서 말하는 카타르시스란 무의식 속에 잠겨 있는 몸 안의 응어리를 바깥으로 발산시켜 몸과 마음을 정화(淨化)시킨다는 의미인데, 몸의 정렬이 이루어졌을 때, 마음으로 연결되어(Connect) 춤으로 표현된다.

바르티니에프는 그녀의 9가지 기본 원리들 중에서 'Dynamic Alignment'

(동적 정렬)와 'Connectivity'(연결)를 하나의 원리로 묶어서, 동적인 정렬 (Dynamic Alignment)은 공간에서 끊임없이 변화하는 신체 부분의 조직체를 의미하며, 이러한 신체 각 기관들끼리 서로 지지하여 내적인 공간과 외적인 공간을 연결한다고(Connectivity) 설명하고 있다(김경희, 2006, pp. 26-27). 이는 신체의 동적 정렬을 잘하여, 우리의 내적인 감정을 자연스럽게 외부로 연결시켜 표출시켜야 함을 강조하고 있는 것이다.

다시 말해, 몸이 정렬되어(Aligned), 마음으로 연결되어 있을 때(Connected), 심신이 하나가 되어 조화를 이루는 움직임을 수행할 수 있게 된다. Body-Mind Centering®을 개발한 코헨(Bonnie Cohen)은 마음이 몸을 통해 어떻게 표현되고 있는가를 연구하여, 몸과 마음의 끊임없는 소통을 강조하고 있다(Cohen, 2012). 소매틱에 영향을 준 동양의 모든 심신 수련법에서도 몸과 마음의 조화를 강조하고 있듯이, 몸의 정렬로 몸과 마음이 연결되어 심신 통합적 움직임이 가능하게 되는 것이라 판단된다.

4. Expect

 고대 인도의 전통 치유과학인 아유르베다(Ayurveda)와 현대 의학을 접목하여 '심신의학(Mind-Body Medicine)'을 창안한 디팩 초프라 (Deepak Chopra)는 그의 저서 『바라는 대로 이루어진다』(2013)에서 "계속 바라고 바라면 되는 것이다"를 설파하고 있다(Deepak Chopra, 2016, October 19).

 "바라다(expect)"의 힘이다! "expect"의 사전적 의미는 "(어떤 일을) 예상하다, 기대하다, 바라다"인데, 자신이 원하는 그 무엇을 항상 의도적으로 주의를 기울여 예상하고, 기대하고, 끊임없이 바란다면 원하는 그 무엇에 더욱 가까이 다가갈 수 있고, 결국에는 이루어진다고 생각한다.

 학생들을 지도할 때에도 학생들에 대한 기대치를 어디에다 놓고 가르치느냐에 따라 수업을 마친 후 학생들의 학업 성과가 달라진다는 것을 알 수 있다. "나는 우리 학생들이 이 정도까지는 이해하길 바래." 하고 기대 수준을 높여서 가르칠 때와 "학생들이 이걸 어떻게 이해하겠어? 요만큼만 가르쳐줘야지." 하고 기대치를 낮춰 가르칠 때와의 결과는 엄청날 것이다. 학생들도 마찬가지이다. 학생들 스스로가 자신의 기대를 어느 수준으로 올려놓고 학습하느냐에 따라 그 성과는 크게 달라질 것이다.

 예를 들어, 미술시간에 호랑이를 표현하기 위해 간절히 바라며 그리는 그림과, 고양이를 표현하기 위해 간절히 바라며 그리는 그림의 차이는, 결과적으로, 언뜻

보기에는 같은 고양이과(科)의 모습으로 비슷하게 보일지라도, 큰 차이가 있을 것이다. 다시 말해, 고양이를 기대하며 그린 그림에는 호랑이 특유의 용맹성은 찾아보기 어려울 것이다.

호랑이를 생각하며 그린 그림   고양이를 생각하며 그린 그림

2016년, 리우올림픽 펜싱 경기에서, 박상영 선수가 "할 수 있다!"라는 긍정의 주문으로, 지켜보던 모든 이들이 포기하려던 순간, 드라마 같은 대역전으로 금메달을 획득하였다. 2021년, 도쿄올림픽에서는 우상혁 선수가, 비록 메달은 획득하지 못했지만, "가자!", "괜찮아", "할 수 있다"라는 말을 수없이 외치며 '긍정 에너지'로, 불리한 신체적 조건임에도 불구하고 한국 신기록을 달성하였다. 이 광경을 보았던 모든 사람들은 이를 "기적"이라 하였다. 그러나 이는 '기적'이 아닌 것이다.

Chopra(1990)는 그의 저서 『Quantum Healing』에서 기적이란 날마다 바라고 바래서 자신이 끌어당겨 얻어낸 것으로, 이 기적의 원리를 과학적 근거를 들어 설명하고 있다. 그 논리는 다소 추상적이고 심오하지만, '기적'이 일어날 때까지 끊임없이 포기하지 않고 계속 바라고 바라면 이룰 수 있다는 메시지로 해석된다. 어떻게 바라지도 않고서 이루어 낼 수 있단 말인가? 그런데, 무엇을 바라고 기대할 때 막연하게 바라는 것이 아니라 주의를 집중하여 실행을 해야 한다고 생각한다. 즉, 몸과 마음을 연결시켜 자신이 바라는 그 무엇을 향하여 바르게 행해야 한다.

　내가 대학교 3학년 때의 일이다. 1978년, 동아무용콩쿨을 준비하고 있었다.
당시에는 동아무용콩쿨이 2년에 한 번 개최되었으며, 현대무용 전공자가 별로
없어, 발레와 현대무용을 합친 '외국무용 부문'으로 지원신청을 해야 했다. 지금도
키가 작지만…, 그러니까, 당시에도 키가 작았다.😊 그렇기 때문에, 어느 누구도
내가 상을 받을 것이라고 기대하지 않았다. 심지어는 나를 지도해주신 임성남
선생님께서도 "경희는 키가 작아서…,"라며 우려를 많이 표현하셨다. 그런데,
참으로 이상하게도, 나는 그런 말들이 귀에 들리지 않았으며, 나는 할 수 있을
것이라는 확신이 있었다. 지금 돌이켜 생각해 보아도, 아직까지도 그러한 "긍정의
힘"은 어디에서 나왔는지??? 나는, 내가 바라고 바라는 대로 "금상"을
획득하였으며, 내가 경험했던 이러한 "긍정의 힘"은 지금까지도 우리 학생들을
가르치는 원천이 되고 있다.

　발레를 학습할 때에도, 가까운 미래에, 혹은 먼 미래에, 무엇을 기대하고,
무엇을 바라면서 행하고 있는지에 대한 자신만의 '답'이 있어야 한다고 생각한다.
물론, 발레를 지도할 때에도, 학생들에게 무엇을 기대하고 있는지에 대한 간절함이
필요하다. 그렇게 되어야 학생들을 그 수준으로 혹은 그 수준까지 도달하지
못한다면, 그 근처에까지라도 끌어당길 수 있는 것이다.

　BodyMind Dancing™을 고안한 에디(Martha Eddy)는 그녀의 수업에서, 수업을

시작하기 전에 학생들을 원으로 둘러앉히고 "오늘 너의 기분은 어떠니?(How are you feeling today?)", 그리고 "이 수업이 끝나고 네가 어떤 기분이 되었으면 하고 바라니?(How do you want to feel after the class)"라는 질문을 잊지 않고 한다(김경희, 2015, p. 67). 처음 몇 번은 대답을 하기가 매우 어색하였지만, "수업 후에 기분이 아주 좋아졌으면 좋겠어!"라고 대답한 후에, 수업을 마친 후 나의 마음과 몸 상태가 내가 수업 전에 바랐던 대로, 기분이 매우 좋아졌었던 경험이 있다. 이와 같이 몸과 마음을 연결시켜 원하는 목표를 위해 끊임없이 기대하고 바라는(expect) 긍정의 힘을 갖는 것이 소매틱 발레의 중요한 원리 중의 하나라고 생각한다.

BodyMind Dancing™ Logo

수업을 하고 있는 Martha Eddy (출처: movementresearch.org)

5. Dance

"춤(발레)으로 양생하다"

인간은 언제부터, 왜 춤을 추기 시작하였던 것인가? 인간은 언어가 존재하기 전부터 자신의 본능을 표현하기 위해 춤을 추었다고 한다. 이렇듯 춤은 인간의 가장 본능적이고 자연스러운 원초적 행위이다. 춤을 춤으로써 춤춘 사람의 몸과 마음이 정화됨은 물론, 함께 춘 사람들과의 소통도 훨씬 수월하게 이루어진다. 이렇게 춤을 추는 이유와 목적은 다양하다. 우리는 한바탕 신명나게 춤을 추고 나면 기분이 한결 좋아졌음을 경험해본 적이 있다. 기(氣)와 혈(血)이 통했기 때문이다.

활인심의 내용 중에 "…, 태양빛이 부족하고 습기가 끼어 있어서 사람들의 기가 막히고 잘 통하지 못하였으므로 춤을 지어내어 그들로 하여금 기운을 펴고 운행시키도록 하였다"(이황, p. 22)라는 내용이 있는데, 그 옛날, 물이 더럽고 음기가 엉겨서 백성들이 몸이 무거워 자주 넘어지는 병으로 괴로워했던 시기에 춤을 만들어서 기혈을 소통하게 하였다 한다. 이는 이미 2000여 년 전부터 춤 속에, 중국 도교(道敎)에서 선인(仙人)이 되기 위하여 시행하였던 심신 수행법인 도인술(導引術)의 요소가 내재되어 있음을 확인할 수 있는 중요한 예라고 사료된다.

우리의 선조들도 풍요와 다산을 기원하는 주술행위로, 혹은 만물에 대한 고마움을 표현하는 의식, 의례 등의 목적으로 신성한 동작과 신체 단련을 위해 춤을 추었을 것이라 추정하고 있다(김영희 외, p. 19).『삼국유사』에 보면, 경흥이라는 국사가 병이 들었을 때, 어느 여승이 '착한 벗이 병을 고쳐준다'라는 말을 하면서 "지금 경흥의 병은 근심으로 인하여 생겼으니 기쁘게 웃으면 나을 것입니다." 하고, 여승은 우스꽝스러운 춤을 추었으며, 이를 본 경흥 국사는 우스워서 턱이 빠질 지경이었다 한다. 이에 경흥 국사의 병이 자기도 모르는 사이에 씻은 듯이 나았다는 기록이 있다.

여승의 우스꽝스러운 춤을 보며 크게, 기쁘게 웃는 경흥 국사

이러한 치유의 목적 이외에도, 옛 신라의 화랑도(花郎徒)에서는 심신의 연마, 도덕의 수행, 친화 단결 및 정서 함양 등의 청소년 교육 목적으로 노래뿐만 아니라 춤을 추었다 한다(김영희 외, pp. 57-59).

또한, 조선 중기의 학자인 정개청은 태극무(太極舞)를 만들어 제자들에게 가르쳤다 하는데(한국고전, 2016년 11월 10일), 이러한 기록에서도 알 수 있듯이, 춤은 교육적 목적으로도 중요한 의미를 갖는다 하겠다.

무용 인류학자로 널리 알려진 쥬디스 린 한나(Judith Lynne Hanna)는 그녀의 저서인『Dancing to Learn』(2014)에서 춤이 단순한 신체적, 기능적 활동이 아니라, 뇌의 인지적 능력과 결부되는 지적 활동이라는 점을 신경과학, 행동과학 등의

방대한 지식과 관점으로 뒷받침하여 주장하고 있다. 이러한 일관된 주장은 그녀의
주요 저서들 즉, 『Dance is Human』(1979), 『Partnering Dance and Education』(1999),
『Dancing for Health』(2006)를 통해 지속적으로 무용학문의 토대를 만들어 왔다.

최근 뇌의 인지능력을 연구하는 과학자들은 움직임이 수반되어 있을 때 언어
학습 능력이 높아진다는 것을 확인하였다 하는데, 미국의 무용교육자인 말케
로젠펠드(Malke Rosenfeld)는 수학 학습능력을 고양시키기 위하여 수학 공식을
춤으로 만들어 'Math on Your Feet'를 보급하였으며, 그녀는 이 프로그램을
"Math on the Move"로 더욱 발전시켜, 『Math on the Move: Engaging Students in
Whole Body Learning』이란 책을 2016년에 출판하면서, 움직임/무용이 어떻게
학생들의 학습능력을 증진시키는지에 대해 다양한 접근방법을 모색하며 입증하고
있다(Math on the Move, 2021, December 22). 이는 춤과 인지능력과의 연관성을
입증해주는 중요한 일례라 할 수 있겠다.

2002년, LIMS(Laban/Bartenieff Institute of Movement Studies)에서 한창 공부할 때의
경험이다. 어느 선생님이 수업 중에 아주 어려운, GRE시험에나 나올 법한, 20개의
단어 목록을 학생들에게 나누어 주며 5분 동안 외우라고 하고는 몇 개를 외웠는지,
외운 단어들을 적으라고 하였다. 이후에는 움직임 수업이 이어졌다. 한참을
움직이게 하고는, 또 다른 20개의 단어 목록을 학생들에게 나누어 주며
5분 동안 외우고, 외운 단어들을 적으라고 하였다. 그런데, 이게 웬일인가! 처음에,
움직임 수업 전에는 고작 세 단어 정도밖에 외우질 못했었는데, 움직임 수업 후에
나는 일곱 개 정도의 단어를 외울 수 있었다. 몸을 움직이면서, 춤을 추면서
인지능력이 증진되었음을 체득하게 되었다. 그렇기 때문에, 우리가 움직임을
공부해야 한다는 것을 일깨워 준 매우 중요한 수업이었다.

소매틱 움직임 교육자인 마사 에디(Martha Eddy)는 'BodyMind Dancing™'과
'Moving for Life™'란 프로그램을 개발하여 춤을 통해 상처받았던 몸과 마음을
치유하며 건강한 몸과 마음을 유지하기 위한, 자신의 이론을 설파하고 있다(김경희,
2015). 즉, 춤으로 교육하고, 춤으로 치유하고, 춤으로 '양생'할 수 있다는

LIMS Logo (출처: labaninstitute.org)

의미이다. 결론적으로, '춤을 추는 것(To Dance)' 그 자체가 소매틱 발레의 기본
원리라고 생각하는 이유이다.

나는 2018년에 'Somatic Dancing'이라는 프로그램을 개발하여 특허를 받았으며,
앞으로 "춤으로 양생하다"라는 목표를 갖고 지속적인 연구와 보급에 주력할
예정이다.

Somatic Dancing® Logo

"춤"에 내재된 건강상의 많은 효익들에 관심을 갖고, 춤으로 '양생'할 수 있는
"Yugid Dance®(유깃댄스)"를 개발하여 지난 2017년부터 세계인의 환경(물)-춤
축제인 'Global Water Dances(GWD)'에서 모든 사람들이 추구하는 건강한 삶을
위한 춤/움직임을 보급하고 있다.

Global Water Dances, 2017, 청계천에서   Global Water Dances, 2019, 명륜당에서

Global Water Dances, 2021, 명륜당에서

　'유깃댄스(Yugid Dance®)'는 동양의 수련법과 Martha Eddy가 고안한
Fluid Exercises를 통합한 자기 치유의 춤 동작으로, 우리 몸속에 흐르는 '기(氣)'를
부드럽게(유: 柔), 즐겁게(유: 愉), 흐르게(유: 流)함을 목적으로 한다. 이렇게, 우리
몸속에서, 눈에 보이지는 않지만 끊임없이 흐르고 있는, '기(氣)'의 흐름을
활성화시켜 발레를 배울 수 있다면, 얼마나 건강하고 자연스러운 움직임 표출이
가능해질까. 다시 한번 생각해본다. 춤(발레)으로 양생할 수 있는 길이 열릴 수
있으리라 기대해 본다.

유깃댄스(Yugid Dance®)란?

기(氣)를 유~하게,

- 부드럽고(柔)

- 즐겁게(愉)

- 흐르게(流)

  하기 위해서 고안된 "춤"이다.

함께 하는 유깃댄스(Yugid Dance®)

참고문헌

김경희. (2006). **바르티니에프 기본 원리**. 서울: 눈빛.

_____. (2015). Pedagogical Inquiry of BodyMind Dancing™. **대한무용학회논문집**, 73(4), 65-73.

_____. (2016). 소매틱 관점에서의 발레 교수법 연구. **대한무용학회논문집**, 74(5), 17-31.

_____. (2017). 소매틱 움직임 교육/치료를 위한 기본 원리 연구. **대한무용학회논문집**, 75(1), 21-36.

김영희, 김채원, 김채현, 이종숙, 조경아. (2014). **한국춤통사**. 서울: 도서출판 보고사.

김윤수, 김경희. (2016). 다이내믹 임바디먼트에 내재된 통합교육적 의미: Fluid Exercise를 중심으로.
　　　대한무용학회논문집, 74(4), 21-38.

디팩 초프라. (2013). **바라는 대로 이루어진다**(도솔, 역). 서울: 황금부엉이.

이황. (2006). **활인심방**(이윤희, 역). 서울: 예문서원.

임경택. (2008). **단전호흡 숨쉬는 이야기**. 서울: 샘이깊은물.

조성균. (2006). 도가사상이 중국 전통체육 양생학에 미친 영향. **한국체육학회지 인문·사회과학편**, 45(6),
　　　1-11.

한국고전. (2016, 11월 10일). 『대동야승』정곤재 행장. Retrieved from https://db.itkc.or.kr/

허경무. (2000). **국선도 강해**. 서울: 밝문화미디어.

Autere, A. (2013). *The Feeling Balletbody*. Pittsburgh, PA: Dorrance Publishing Co., Inc.

Cohen, B. B. (2012). *Sensing, Feeling, and Action*(3rd ed.). Toronto, ON: Contact Editions.

Chopra, D. (1990). *Quantum Healing*. New York, NY: Bantam Books.

Deepak Chopra. (2016, October 19). Wikipedia. Retrieved from https://en.wikipedia.org/wiki/Deepak_
　　　Chopra

Feldenkrais, M. (2009). *Awareness Through Movement*. San Francisco, CA: HarperOne.

Hanna, J. L. (2014). *Dancing to Learn*. Lanham, MD: Rowman & Littlefield Publishers.

Joan Skinner. (2016, November 10). Wikipedia. Retrieved from https://en.wikipedia.org/wiki/Joanskinner

Keleman, S. (1989). *Emotional Anatomy*. Westlake Village, CA: Center Press.

Lee, D. (2011). *The Pelvic Girdle*(4th ed.). London: Churchill Livingstone ELSEVIER.

Math on the Move. (2021, December 22). Retrieved from https:// mathonthemovebook.com

Stark, F. (2011). *Gray's Anatomy*. Philadelphia, PA: Running Press Book Publishers. (Original work
　　　published in 1980)

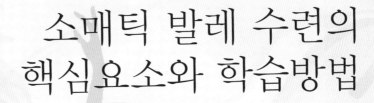

소매틱 발레 수련의
핵심요소와 학습방법

1. 소매틱 발레 수련의 핵심요소(Key Elements)

소매틱 발레 수련은 그 철학적 근거에서 보더라도 관행적인 무용 연습과는 근본적으로 다르다고 할 수 있다. 우선, 개인적 자율성을 추구하는 데 있어서, 관행적인 무용 연습은 몸과 마음의 이원론을, 소매틱 수련은 몸과 마음의 일치를 강조하고 있다(Eddy, 2002, p. 119). 물론, 관행적인 무용 연습에서 몸과 마음이 완전히 분리되어 움직임을 하는 것은 아니지만, 추구하고자 하는 목적에 있어 차이가 있다는 것이다.

즉, 소매틱 수련의 주요 개념은 '자각(self-awareness)', '자기 통제 (self-control)', '자기 탐구(self-investigative)', '자기 발견(self-discovery)'으로, 남과 경쟁하고, 목적 지향적이고, 잘하고 못하고를 평가하는 관행적인 무용 학습의 목적과는 전혀 다른 개념의, 자신이 주체가 되어 자신의 몸을 알아가고, 탐구해나가는 '평가하지 않는 (non-judgmental)', '과정 지향적인(process-oriented)' 개념을 포함하고 있다.

Batson(2009)은 소매틱 수련의 핵심요소(Key Elements)를 세 가지로 구분하여 설명하고 있다; 첫째, 참신한 학습 상황(Novel Learning Context), 둘째, 감각 조율 (Sensory Attunement), 그리고 셋째, 증강 휴식(Augmented Rest)이다.

1) '참신한 학습 상황(Novel Learning Context)'

이란 무엇을 의미하는 것일까? 이는 관행적인 무용 수업에서의 심리적·육체적 긴장감으로부터 학습자를 벗어나게 해줌으로써 자신의 내적인 신체 감각에 집중할 수 있는 학습 환경을 제공함을 의미한다. 이렇게 함으로써 학습자는 선생님을 모방하거나, 혹은 상대방과 끊임없이 비교하며 경쟁하듯이, 남에게 보여주려고 하는, 기술만을 연마하는 그러한 분위기에서 벗어나, 자기 수용적(self-acceptance)이며, 자기 탐구적(self-exploration)인 자세로, 타인과 절대로 경쟁하지 않는(non-competitiveness) 학습 상황, 즉 여태까지 한 번도 경험해보지 못했던 '참신하고 새로운(novel)' 학습 상황(Learning Context)에 놓이게 된다.

이러한 상황에서 학습자는 자신의 움직임의 매순간을 온전히 수용할 수 있으며, 즉각적으로 반응도 할 수 있게 된다. 또한 과거의 관행적인 무용 수업에서 느끼지 못했던 잘못된 자세와 움직임 습관을 깨닫게 되어 스스로의 움직임을 재배치(re-patterning)할 수 있는 경험을 체득하게 된다.

선생님을 모방하는 학생

남과 비교하며, 경쟁하듯이 연습하는 학생

BodyMind Dancing™ 프로그램을 개발한 Martha Eddy는 그녀의 수업에서 새로운 동기 유발적 움직임 패턴을 탐구하여 여태까지 한번도 경험해보지 않았던 '새롭고 참신한 신체 움직임의 조화(novel coordination)'를 경험할 수 있도록 학습자들을 독려한다(김경희, 2015). 처음에는 그동안 별로 사용해보지 않았던 근육의 움직임, 때로는 무게 중력을 거스르는 움직임 패턴 등으로 많이 어색하였지만, 이러한 수업을 통해서 자신의 내적 감각에 더욱 충실하게 되어 자신의 미흡함을 깨닫고 보충해 나가는 방법을 터득하게 되었다. 이와 같이, 아직까지 한번도 경험해보지 않았던 새롭고 참신한 학습 상황은 소매틱 발레학습에서 이루어질 수 있는 중요한 핵심요소라고 생각된다.

2) 다음은, '감각 조율(Sensory Attunement)'이다.

소매틱 발레 수련에서는, 하고자 하는 '행위(doing)' 그 자체보다는 '감지(sensing)'에 주의를 기울이며 '감각 의식(sensory awareness)'을 중요시해야 한다.

몇 년 전 뉴욕, 무브먼트 리서치(Movement Research)에서 개최한 어느 현대무용 수업 중에, 선생님이 학생들에게 "내 동작을 모방하지 말고, 자신 몸의 소리에 귀를 기울여라!"라고 하였다. 또 요가 수업에서는 자꾸 눈을 감으라고 한다. 자신의 몸을 느끼라는 것인데, 영어도 제대로 들리지 않은 나로서는 여간 힘든 수업이 아닐 수 없었다. 그뿐인가? 'Feldenkrais' 수업에서는 자신의 몸의 소리에 지나치게 집중한 나머지, 결국엔 쿨쿨 잠이 들고야 말았다.

　　이러한 경험은 BodyMind Dancing™ 수업에서도 이어졌다. Martha 선생은 학습자들에게 "네 자신의 리듬을 따라가라!", "너의 몸이 원하는 대로 움직여 봐라!"라고 지도하면서, 절대 교수자의 움직임을 그대로 모방하지 말라고 한다 (Fortin, & Siedentop, p. 9). 수십 년을 클래식 발레 수업만을 해왔던 나는 수업 중에 "내 자신의 리듬이 뭔지, 나의 몸이 무엇을 원하는지 한 번도 생각해 본 적이 없다" 고 토로하였다. 이렇듯 나는 자신의 '감각 의식'을 무시한 채 내 몸의 소리를 듣지 못하고, '행위(doing)'만을 해왔었던 것이었다. 나의 고관절에서 끊임없이 울어대는 엄청난 통증을 무시한 채, 정형화되어버린 발레의 미(美) ─ ─ 더 높이 올려야 하는 arabesque, 180°로 벌려야 한다는, 잘못 인식된 turn-out에 '감각 의식'을 묻어버리고, 나의 대퇴골두를 내주고야 말았다.

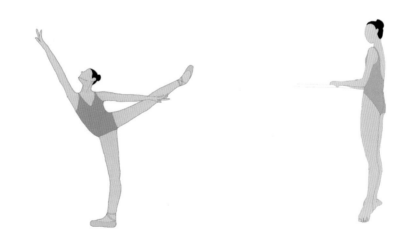

해서는 '절대' 안 되는 아라베스크와 잘못된 턴아웃

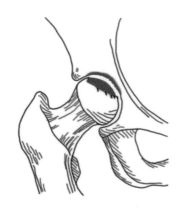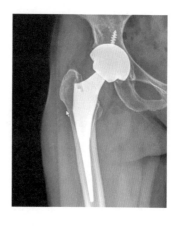

수술 전   수술(우측 인공 고관절 전치환술) 후 (개인자료)

괴사되어 버린 나의 대퇴골두, 그리고 수술 후

Autere(2013)는 발레 수업에서도 교사의 움직임을 모방해서는 안 된다고
경고하면서, 자신의 심신(body mind)이 어떻게 느끼는지를 알고 자신만의 터득
방법을 찾아야 한다고 강조한다(pp. 21-22). 이와 같이 감각 의식을 증대시킴으로써
자신이 "무슨 움직임(What to move)"을 하느냐보다는 "어떻게 움직이느냐(How to
move)"에 더욱 집중을 하게 되는 것이다. 즉, 학습자는 자신을 안내하고 조정할 수
있는 내적 감각 체계를 연마하게 된다. 이렇게 내적 감각 체계가 잘 연마되어졌을
때에 움직임 자율성이 증진될 수 있다.

이러한 자신의 내적 감각을 조율해 나가는 과정이 어떻게 보면 빠른 결과를
확인하기에는 다소 느리다고 생각될 수 있지만, 사실상 더욱 효율적이며
효과적이라는 체험을 하는 것이 무엇보다 중요하다고 사료된다. 한국의
전통수련법인 국선도 수련에서도 "…, 남이 한다고 다 따라하지 말고, (…), 자신의
호흡에 맞추어, 자신의 몸에 맞추어" 하라고 강조한다(허경무, 2000).

이와 같이, 자신의 감각에 조율해나가며 연습을 해야만, 몸이 다치지 않고,
건강하게 행복하게 발레를 수행해 나갈 수 있게 된다. 몸과 마음을 연마하는 데
있어, 동양의 수련법과 서양의 수련법이 다를 바 없다. 따라서 발레를 수련하는 데

있어, 동서양의 소매틱 수련 방법의 핵심요소를 적극적으로 활용한다면,
궁극적으로는, 그 결과 또한 극대화될 것이라 생각된다.

　3) 세 번째로, '증강 휴식(Augmented Rest)'이다.

　즉, 휴식을 더 증강시켜야 함이 소매틱 발레 수련에 있어서 중요한 핵심요소 중
하나라는 의미이다. 우리는 매일 고된 연습을 하다가 며칠 푹 쉬다 연습을 하게
되면, 그토록 안 되던 동작이 쉽게 잘 되었던 경험이 있었을 것이다. 너무 많이
쉬어서 오랫동안 연습을 하지 않아 더 안 되고, 더 힘들 거라고 생각했었는데,
참으로 이상하다고 생각했었다. 그런데 이상한 일이 아니었다. 이는 우리가 쉬는
동안에, 우리의 결합조직(connective tissue), 근육, 그리고 신경계가 원기를
회복하였기 때문이다(Autere, p. 167).

　문제는, 기능을 연마해야 하는 무용인뿐 아니라 모든 스포츠인들은 '쉬는 것'
그 자체를 '게으르다', 혹은 '비생산적'으로 생각하는 경우가 많다는 것이다.
무리하게 연습을 하다가 부상을 당해야 비로소 쉰다. 조금만 미리 쉬어 주었으면
부상을 안 당했을 텐데…라는 안타까운 생각이 든다.

　Batson(2007)은 2006년 10월에 개최한 IADAMS(International Association for
Dance Medicine & Science) 학회에서 무용수들의 무리한 연습으로 인한 신체의
'과사용(overuse)' 때문에 발생하는 부상에 대해 "Revisiting Overuse Injuries in Dance
in View of Motor Learning and Somatic Models of Distributed Practice"라는 주제로
발표하였다.

　우리의 근육계, 신경계, 생리적 기능이 회복될 수 있는 시간이 반드시 필요한
것이다. 이러한 휴식의 시간을 어느 정도로 증강시켜야 하는가는 각 소매틱
기법마다 약간씩 다를 수 있으나, 기본적으로 우리는 휴식의 중요성에 대해
심각하게 재교육시켜야 한다고 생각한다.

　우리는 주변에서, 공연 준비를 하다가 부상을 당하게 되면, 그 즉시 쉬고 치료를
받기보다, 어디에 가서 침 치료를 받든지, 혹은 진통 주사를 맞든지 하여 통증을

만성 부상에 시달리는 발레 무용수

가라앉히고 연습을 계속하는 무용수들을 흔히 보게 된다. 정말, 어디가 심하게
부러지거나, 혹은 근육 또는 인대가 찢어져서 못 걷는 상황이 되어서야 비로소
연습을 그만둔다. 그리고는 충분한 재활치료를 받지 못한 상태에서 또다시 연습에
임한다. 그리고는 또 다친다!

일년 열두달 부상을 달고 사는 발레 무용수들… 1년 12달 통증을 무슨 훈장처럼
생각하는 발레 무용수들… 사실, 한번 부상을 당하면, 그 회복기간은 뇌에서
"다 나았다"라고 생각하는 것보다 훨씬 더 길다. 왜냐하면, 손상된 근육이나 인대가
정상적으로 회복하는 데는 뇌에서 생각하는 것보다 더 많은 시간이 필요하기
때문이다.

1978년 여자 체조 세계 챔피언인 옐레나 무키나(Elena Mukhina)는 연습 도중
다리를 다쳤다. 그녀에게는 회복을 위한 충분한 시간이 필요했지만, 코치들은
그녀 다리의 깁스(cast)를 부상의 회복에 필요한 적절한 시간보다도 빨리 풀게 하여
연습을 강행시켰다. 충분하게 회복이 되지 않은 상태에서 옐레나는 연습 도중,
텀블링 동작을 하다가, 1980년 올림픽 개막 2주 전에 목이 부러지는 사고를 당하고
사지가 마비되었으며, 그 후유증으로 46세에 생을 마감하게 되었다. 이토록 끔찍한

뒷이야기를 얼마나 더 들려주어야 부상을 당한 후에 충분히 쉴 것인가???

노자(老子: Laozi) 말씀에, "뒷꿈치를 들면 오래 설 수 없다."라고 하였다 (김홍경, p. 736). 우리가 발레를 왜 하는가? 건강하게, 오랫동안, 행복하게 하고 싶지 않은가? TV에 나오신 어느 스님의 말씀이 생각난다. "억지로라도 쉬고 가라고!"

휴식의 시간은 기억력을 강화시키며, 순발력을 증진시키기 때문에, 충분한 휴식 후의 실제 운동효과는 더 크게 나타난다. 반복 연습이 절대적으로 요구되는 각종 스포츠나 무용에서는, 오직 신체만으로 훈련하는 것보다 정신적, 심리적인 내적 시각화 훈련을 휴식 기간에 병행하라고 적극 권장하고 있으며, 이에 대해서는 이미 많은 연구들에서 입증이 되고 있다(Murphy et al., 2008). 이를 우리는 '이미지 (Image) 훈련', 혹은 '심상(心象) 훈련'이라고 한다.

이와 같이 자신의 내적인 신체 자각을 통해 끊임없는 자기 탐구(탐색) 과정을 거쳐 스스로를 재발견해 나가는 것이 소매틱 발레 수련의 주 개념이며, 이는 참신한 학습 상황과 감각 조율, 그리고 증강 휴식을 핵심요소로 하고 있다.

이미지 훈련하는 모습

2. 소매틱 발레의 학습방법(Methods of Learning)

1) 4 Ss(Slow, Small, Simple, & Smooth)

Slow : 생각보다 더 천천히 동작을 해보라!

아마도 학습자는 그때서야 비로소 하고자 하는 동작 숙달 방법을 이해하고 느끼게 될 것이다. 이렇게 천천히 해봄으로써, 학습자는 자신의 몸에서 무슨 일이 일어나고 있는지 관찰할 수 있게 되어, 몸과 마음의 의식적인 소통(conscious communication)이 이루어지게 되면서, 비록 더디지만 '분명하게' 하고자 하는 동작 수행 방법을 터득하게 될 것이다.

Autere(2013)는 "천천히 움직일수록 더 많이 인지하게 되고, 더 많이 인지할수록 더 정확하고 향상된 동작을 보여줄 수 있다"(p. 142)라고 하였다. 동작을 천천히 해봄으로써 정상 속도에서는 감지할 수 없는 움직임 정보를 보다 더 철저하게 관찰하고 자각할 수 있는 시간을 갖게 된다. 이러한 꾸준한 경험으로 학습자는 어떻게 동작이 전개되는지 자각하게 되며, 모든 단계에서 '자기 조정(調整)(self-adjustment)' 능력이 생기게 된다.

그렇기 때문에, 학습자가 어떤 안 되는 동작을 지속적으로 연습할 경우, 그냥 억지로만 반복 연습을 하지 말고, 안 되는 동작을 아주 천천히 해봄으로써 학습자 스스로 몸을 자각하여 왜 안 되는지?, 어떻게 해야 되는지를 깨달아가야 하는 것이다.

팬데믹 상황이 길어지고 있다. 점점 닫혀지고 경직된 상황에서 우리는 이제야 우리의 "안"을 들여다 볼 시간적 여유가 생긴 것이다. 쿠르라스(Gia Kourlas)는 "Slowing Down, 즉, 천천히 함으로써 우리는 우리 신체 주변으로 마음을 움직이며 공간의 여유로움을 만들어 나갈 수 있게 되었으며, 자유로움을 느끼게 되었고 이것이 나에게는, 나의 답답함을 해결해 주는 좋은 해독제가 되었다"라고 하며, "느림"의 중요성을 설명하고 있다(Kourlas, 2021, January 23). 에디(Martha Eddy)는 '속도를 낮추는 아이디어'가 소매틱의 핵심 원리라고 하면서 "Slowing down to feel", 즉 느끼기 위해 속도를 낮추라고 강조하고 있다.

오래전 뉴욕에서 클라인 테크닉(Klein Technique™)을 배우러 수잔 클라인(Susan Klein) 연습실을 찾았다. 수업료를 지불하는 카운터에 "Slow"라고 크게 써붙여 있는 것을 보고 몹시 황당했었던 기억이 난다.

Slow

처음엔, "뭘 천천히 하라는 거지?" 나는, 천천히, 지갑에서 돈을 꺼냈다. 수업료를 직접 받으시는 Susan 선생님도 몹시 느렸다. 수업은 언제 시작하시려나??? 갑자기 느려진 주변 상황에, 나는 오히려 다급해졌다. 그러더니, 선생님은 천천히 바닥을 청소하신다… 아무도 안 도와준다… 그리고는 고양이 한 마리가 마루를 천천히 배회한다… 잠시 후, Roll-down으로 수업이 시작되었다. 내려가는 데에만 약 10분 정도 소요된 것 같다. 이럴려고, 아침부터 그 복잡한

지하철을 타고 바쁘게, 바쁘게, 물어물어 이곳으로 왔던가! 그래도 힘들게 찾아왔으니까 뭐라도 한 가지 잘 배워가야지… 한참을 천천히 하다가 보니까, 자신이 이 "느림"의 속도에 적응이 되어가며, 차분해짐을 느끼고, 편안해지기 시작하였다. 내가 무엇을, 어떻게 하고 있으며, 왜 하는지? 그리고 "이것이 왜 의미가 있는지(why it matters)"를 체득하게 된 수업이었다.

소매틱 움직임 교육 역사에 있어, 첫 번째 세대의 개척자 중의 한 사람인 샤를로떼 셀버(Charlotte Selver)는 그녀의 프로그램인 "Sensory Awareness"에서 "어떻게 천천히 할 것인지, 그리고 어떻게 우리의 움직임에 정교하게(예민하게) 주의 집중을 할 것인지"를 강조하였다 한다. 그녀의 움직임 철학은 후에, "Authentic Movement", "Somatic Experiencing" 등 여러 소매틱 프로그램에 영향을 주었다. 그녀 자신도 102세까지 교육의 현장에서 가르치다가 생을 마감하였다고 하는데, 에디(Martha Eddy)는 이를 두고 "Sensory Awareness" 효익의 또 다른 증거가 아니겠는가?(Eddy, 2016, pp. 29-30)라고 기술하였다.

혜민스님의 책『멈추면, 비로소 보이는 것들』이 있다. 이 책의 영문 제목은 『The things you can see only when you slow down』이다. 발레 무용수들이여!

2003년, 샌프란시스코에서, 그녀의 마지막 'Sensory Awareness' 강의 장면
(출처: Eddy, 2016, p. 34)

잘 안 되는 동작을 연습할 때 잠시 호흡을 가다듬고, 조금 천천히 해보면 어떨까? 제안해 본다…. 발레 무용수뿐 아니라, 모든 사람들이 "느림"이 주는 혜택을 조금이나마 누렸으면 한다.

이 글을 쓰면서, 특히 "Slow" 부분에서, 돌아가신 엄마 생각이 난다. 엄마는 뇌동맥류 수술을 받고, 그 후유증으로 단어 구사능력을 모두 잃어버렸다. 그토록 사랑하는 딸의 이름도 생각이 나지 않은 듯, 그저 나의 얼굴만을 쓰다듬기만 하셨다. 그런데, 무언가를 원하실 때, 오직 하나의 단어만을 입 밖으로 내뱉으신다. "빨~리, 빨~리" 그 말씀뿐이시다. 기억나는 단어가 그것밖에 없는가 보다.

어린 나이에 결혼하여, 자식 셋 낳고, 그저 바쁘게, 바쁘게만 사셨나보다. 오죽 얼마나 마음이 급했으면, 첫 딸인 나를 예정일보다 며칠 더 빨리 낳으셨고, 초등학교도 남들보다 1년 더 일찍 보내셨다. 그 덕에 나는 학업에 뒤처지지 않으려고 공부하기에 늘 바빴다. 엄마가 당시에 "느림"이 주는 여유로움을 아셨더라면, 엄마의 인생이 좀 더 편안하시지 않았을까? 안타까운 마음뿐이다! 나 역시, 고관절이 그렇게 빨리 '괴사'되지는 않았을지도 모른다는 생각이 든다.

Small : 움직임을 작게 해보라!

모든 스포츠나 무용을 함에 있어서, 운동선수나 무용수들은 어떤 움직임이든 더 크게, 더 높이, 더 멀리, 더 빠르게 하려고 한다. 운동경기나 무용경연대회에서 이기기 위함이다. 혹은, 많은 사람들 속에서 눈에 띄기 위함일 것이다. 그러나 이렇게 큰 동작을 잘하기 위해서는 우선 매우 작은 움직임부터 시작해야 할 것이다.

Klein Technique™ 수업에서의 경험이다. 학생들에게 선 자세에서 척추 하나하나를 구부려 천천히 roll down을 하라고 하였다. 경추 7개, 흉추 12개, 요추 5개, 천골 5개, 그리고 꼬리뼈까지 하나하나 느끼며 내려가는 일이 쉽지 않았다. 그리곤 또 올라올 때에도 척추 하나하나를 세우며 올라오라고 하였다.

Roll-down and Roll-up

　왕복 소요시간 거의 20분! 처음에는 그 수업이 익숙지 않았고, 돈도 시간도
아까운 생각이 들었다. 그러나 이렇게 반복적으로 척추 하나하나의 움직임, 즉
작은 움직임을 하면서 나의 신체 감각이 매우 섬세해지고 있다는 것을 느끼게
되었다. 언제나 크게 보이려고 과도하게 바깥 근육만을 사용하여 "찢고(?) 늘리고"
하면서 나의 내적인 운동감각 기관을 무시하면서 연습을 하지 않았나? 하는
성찰의 시간이었다!

　자신의 호흡으로 조절할 수 있는 만큼의 작은 움직임부터 시작하면서 속근육을
단련시킨다면 언젠가는 원하는 만큼의 큰 움직임으로 공간을 가득 채울 수
있으리라 생각된다. Autere(2013)는 "매우 작은 움직임부터 시작하여 우리의
감각기관을 예민하게 해야 한다"(p. 144)고 거듭 강조하고 있다.

　펠든크라이스 프랙티셔너(practitioner)인 레베카 데이비스(Rebecca Davis)는
"우리가 작고(small), 정밀한(detailed) 움직임을 하는 동안에, 눈과 턱, 그리고 이마를
느슨하게, 즉 애써서 무언가를 하려 하지 않아야 하며, 그렇게 하여야, 우리 자신이
안정되어 우리 움직임의 세세한 감각기관까지 더더욱 명명백백해져서, 자기

과도하게 양쪽 다리를 벌리면서 side-lea~p!

자신에 대해 몰랐던 부분까지 속속들이 재발견하게 되어 드디어 환상적인 돌파구를 찾게 된다.”라고 하였는데(Kourlas, 2021, January 23), 우리 모두 한 번쯤 자신의 보폭을 줄여보고, 운동가동범위(ROM: Range of Motion)를 대폭 줄여서 겸허하게(humble) 아주 작은 동작부터 해보며 어떨까? 제안해본다….

Simple : 한 번에 한 동작씩!

현대인은 자신들이 ‘multi-tasking(다중 과업화)’하고 있다고 한다. 음악을 들으면서 공부를 할 수 있고, 또 TV를 볼 수도 있고…, 과연 그럴 수 있을까? 정신과 의사인 에드워드 헬러웰은 ‘멀티 태스킹’으로 인해 뇌가 과부화 상태에 놓인다고 지적하고 있다(Multi-Tasking, 2015, August 30). ‘멀티 태스킹’을 하지 말아야 할 12가지 이유 중, 가장 근본적인 이유는, 실제로 ‘멀티 태스킹’은 불가능하다는 것이다. 인간의 뇌는 한 가지 작업을 하고 있을 때, 또 다른 작업을 하기 위한 공간이 뇌에 거의 남아 있지 않다는 것이다(Multitasking, 2017, April 24).

그렇기 때문에 각기 다른 여러 복합적인 움직임을 잘하기 위해서는 그 복잡한 동작을 분류하여 단순하고 간단한(simple) 움직임 패턴이 완전히 몸의 기억 속에 인지된 후에 다른 움직임 패턴을 습득해야 한다.

hop   turn in the air   landing

Grand jété en tournant의 순차적 연습 과정

예를 들어, hop과 같이 한 발로 뛰기가 안 된 상태에서, leap, 즉 한 발에서 다른 한 발로 뛰는 동작을 배우게 된다면 그 정확도는 떨어질 것이다. 우리가 잘 달리기 위해서는 우선 잘 걷는 것이 중요한 이유이다. 우리나라의 옛말에도 있지 않은가? "천리 길도 한 걸음부터!"라고.

알렉산더 테크닉을 공부하고, 이후에 태극권, 아이키도 등을 체득한 후, 자신의 통합적 방법으로 소매틱 수련법을 세계 각국에서, 현재는 on-line으로, 활발하게 강의하고 있는 부르스 펄트만(Bruce Fertman)은 '간단한 프랙티스(Simple practices)'가 "당신의 감각에 큰 차이를 느끼게 한다. 이는 당신을 더욱더 유연하게, 편안하게, 그리고 당신의 척추의 압박을 줄이고, 당신 손의 긴장을 풀게 해주어, 더욱 활기차고 즐겁게 해주며 결국에는 당신의 신경계(nervous system)가 이를 좋아하게 될 것이다"라고 하며 '간단한 프랙티스(Simple practices)'의 효능에 대해 설명하고 있다. 펄트만 프로그램의 효과는 많은 참가자들의 증언에 의해서도 입증되고 있다(Grace of Sense, 2021, January 21).

"Kinetic Awareness"를 개발한 일레인 섬머스(Elaine Summers)는 "simple movements slowly"를 강조하고 있는데, 그녀는 2003년에 어느 인터뷰에서

"발레 무용수의 신체 이미지를 포기하는 것이 매우 힘들었다."라고 토로하면서 발레 무용수의 관습적 이미지에 대한 환상을 지적하면서, 무용학습을 위해 전인적인(holistic) 접근을 시도하였다(Eddy, 2016, pp. 54-59).

유튜브에 떠도는 기가 막히게 화려한 '발레 이미지'를 만들기 위해 언제까지 우리 신체의 얼라인먼트(alignment)를 무시하며, 훼손시킬 것인가? "6시 à la seconde" 동작으로 유명한 실비 길렘(Sylvie Guillem)은 어느 인터뷰에서 자신이 "만성 통증을 달고 살았으며, 그 통증은 나이가 들면서 점점 더 참기 어려울 정도가 되었다"라고 토로하였다 한다(Autere, p. 57).

6 o'clock à la seconde

요즘들어, 발레 기술 습득을 위한 많은 영상들을 유튜브에서 볼 수 있다. 매우 심각한 수준이다! 현란한 기교들을 마스터하기 위해서는 이를 위한 움직임을 하나하나 쪼개어 아주 간단한(simple) 동작부터 시작해보는 것이 어떨까? 제안해 본다…

우리나라 스포츠계에서도 오직 기술만을 강조하는 훈련법에 대해서 우려스러운 목소리가 높아지고 있다. 예를 들어, 야구선수들의 연습과정에서, 너무 어릴 때부터 기술만을 습득하여 선수들이 잦은 부상으로 시달린다는 뉴스를 접한 적이 있다… 현재, 우리나라를 대표하는 손흥민 축구선수는 어릴 때부터 아버지가 오직 기본만을 강조하며, 시합에도 내보내지 않고, 훈련을 시키셨다고 한다. 발레 학습자들이 "기본"에 충실해야 하는 이유이다. "기본이 최고가 됩니다!!!" '기교'가 아니라 '기본'입니다. "어려운 일일수록 쉽게, 단순하게(simple) 해보라"고 하신, 지혜로운 옛 어른들의 말씀이 생각난다.

Smooth: 부드럽게!

연습실이나 무대에서 우리는, 자꾸 실수를 하거나, 혹은 '꽈당' 넘어지는 발레 무용수들을 보게 된다. 그러한 무용수들을 자세히 관찰해 보면, 그들은 영락없이 온몸이 긴장되어 모든 움직임에 '힘'이 들어가 있다. 좀 "부드럽게" 하면 될 일을… 참으로 안타깝다!

"smooth"의 발음은 [smuːð]이다. 이를 "스무스"라고 표기하면 매우 곤란하다. 오히려 "스무~~드"라고 표기해야 "smooth"가 지니는 의미를 더욱 명확하게 이해할 것 같다는 생각이 든다.

"smooth" 혹은 "smoothly"를 이해하기 위해 유사한 한국어를 찾아보면 "부드럽게" 이외에 "편안하게", "매끄럽게", "조화롭게", "우아하게", "고요하게", "자연스럽게", "순조롭게", "차분하게" 등이 있으며, 영어로는 "softly", "gracefully", "easily", "gently", "harmoniously", "quietly", "mildly", "agreeably" 등이 있다.

사회, 문화적 차이에 따라, 각자가 어떤 단어를 더 선호하는지는 개인차가 있을 수 있으나, 그 맥락은 거의 비슷하다는 생각이다. 심지어, '국선도' 수련에서는 "지긋~~~이"라는 표현을 사용하는데, 나는 이를 "smoothly"로 이해하였다.

BF(Bartenieff Fundamentals)를 개발한 엄가드 바르티니에프 (Irmgard Bartenieff)는 라반 움직임 분석(LMA: Laban Movement Analysis)을 공부하고, 커넥티브 티슈 테라피 (Connective Tissue Therapy)를 연구하면서, 이외에도 다양한 움직임 수업을 하였는데, 그녀 나이 70세에 태극권(Tai Chi Kung)을 접하게 되면서, "graceful"하게 움직임의

"기능적(functional)"인 면과 "표현적(expressive)"인 면의 통합체계를 정비(整備)하였다 (Eddy, 2016. p. 25)고 한다. 즉, 움직임을 부드럽게, 우아하게 하는 것이 "기능"과 "표현"을 동시에 가능하게 할 수 있는 핵심이지 않을까? 라는 생각이 들었다.

엄가드 바르티니에프(Irmgard Bartenieff) (출처: LIMS)

"Eutony"를 개발한 '게르다 알렉산더(Gerda Alexander)'는 근육의 긴장을 균형 있게 조절해야 함을 강조하면서 자신의 프로그램을 "Eutony"라 하였는데, 이는 "harmonious tonus", 즉 "조화로운 근육의 긴장도"를 의미한다 (Eddy, 2016, p. 25). 무용교사이자 음악교사이기도 한 게르다는 인간 심층내면의 자각(awareness)과 감성(sensitivity)을 주변 환경에 홀리스틱(holistic) 체험으로 흡수, 통합시켜 조화로운 균형을 찾을 수 있도록 도와줘야 함을 강조한다. 그녀의 프로그램인 GAE(Gerda Alexander Eutony)는 1987년에 세계보건기구인 WHO(World Health Organization)에서 채택한 최초의 소매틱 움직임 수련법이란 점에 주목할 필요가 있다(Eddy, 2016, pp. 25-27). 그녀가 강조하고 있는 "harmonious"가 "smooth"와 같은 맥락이라고 생각하는 이유이다.

게르다 알렉산더(Gerda Alexander) (출처: https://en.wikipedia.org)

앞서, "simple movements slowly"(Eddy, 2016, p. 57)를 강조하였다고 소개한 일레인 섬머즈(Elaine Summers)는 통증 없이 움직임을 계속하기 위해서는 동작을 천천히 하면서 "gentle"하게 하는 방법을 탐구하였다. 그녀는 이를 위해 다양한 사이즈의 공(ball) 위에서 구르는 테크닉을 개발하였는데, 그녀의 제자들은 이를 "ball work"라 불렀으며, 이는 "Kinetic Awareness"의 대표적인 프로그램인 "ball technique"으로 발전하였다. 그녀가 언급한, 움직임을 "gentle"하게 하는 방법이 "smooth"하게 하는 방법과 같은 의미라고 이해된다.

Kinetic Awareness – ball technique (출처: kineticawarenesscenter.org)

중국의 뛰어난 의술가로 추앙받는 화타(華佗)가 개발한 "오금희(五禽戲)"는
다섯 종류의 짐승들, 즉 곰, 새, 원숭이, 호랑이, 사슴의 움직임을 모방하여
창안하였다고 하는데, 이러한 움직임 수련법으로 고대 중국인들은 신체를
단련시켰으며, 이는 중국의 주요 기공법 중 하나로 지금까지 전해 내려오고 있다.

"오금희" 수련법의 핵심은 몸을 움직이는 데 있어서, "몸은 부드럽게(柔: 유)
이끌고", "마음은 고요하게(靜: 정) 기르고", "기(氣)는 조화롭게(和: 화) 인도해야 함"
이다(장경영 외, p. 272). 이 수련법에서 강조하고 있는, "부드럽게", "고요하게",
"조화롭게" 해야 한다는 방법이 "smooth"에 포함되는 내용이라 생각된다.

오금희 (출처: www.sisajournal.com)

우리나라, 한국의 전통 수련법 중 하나인, '국선도(國仙道)'의 '기(氣)체조'
수련법에는 "기혈순환 유통법", "내기전신행법(일명, 기신법)", "입단행공" 등이
있는데, 이들 모두의 수련법은 "부드럽게", "편안하게", "유연하게", "자연스럽게",
"고요하게"를 강조하며, 수련의 단계가 높아지게 되면 "동작과 호흡이 조화를

이루면서", "자연의 기운에 순응하는 자세로"까지 좀 더 구체적인 지시어로

학습자의 수련을 돕고 있다(허경무, pp. 81-85). 이와 같이 국선도 수련법에서

사용하고 있는 핵심적인 주요 지시어들이 'smoothly'와 같은 의미라고 생각된다.

국선도 기신법 – 토법 (출처: 세계국선도연맹)

얼마 전, 운동을 하러 갔는데, 나의 PT 선생님께서 'Lat Pull-down'을 할 때,

"부드럽게" 팔꿈치를 내리라고 한다. 그래야 등 근육을 제대로 느낄 수 있다고…

어디, 그뿐만이 아니다. 테니스 코치도 너무 힘을 주어 ball을 때리지 말고

"부드럽게" 하라고 하신다… 심지어는 골프를 칠 때에도 힘을 빼고 "부드럽게"

하라고 한다….

발레 학습자들이여! 'port de bras'를 할 때, 제발 손끝에서 힘을 빼고 "부드럽게"

해보면 어떨까 제안해본다… 'arabesque' 다리를 올릴 때에나, pirouette을 돌 때,

"힘있게!"에서 "부드럽게"로 학습방법을 바꿔보면 어떨까? 제안해본다…

에너머리(Annemari Autere)는 심지어, 'jump'를 할 때에도, 너무 높이

뛰어보겠다고 '안간힘'을 쓰지 말고, 마치, 수영장 물속에서 뛰는 것처럼

"Jumping with the spine"(p. 287)을 강조한다. 학습자들은 분명 매우 편안하고,

자연스럽게 공중부양하는 것 같은 자신의 움직임을 느껴볼 수 있으리라 확신한다.

Arabesque   Pirouette   Jump with the spine (개인자료)

2) W-P-W(Whole-Part-Whole)

우리는 어떤 사람을 처음 만났을 때, 전체적으로 혹은, 큰 그림으로 상대방을 느낀다(Whole). 이를 '첫인상'이라고 할지도 모른다. 상대방으로부터 전체적으로 풍기는 느낌을 받은 후, 그 사람의 이목구비를 찬찬히 살피고, 신체 구석구석까지 스캔해 나간다(Part). 이렇게 각 부분의 면밀한 검토가 끝난 후에야 다시 종합적인 평가를 마치게 된다(Whole). 이는 상대방을 평가하는 과정이지만, 움직임을 지도할 때에도 이와 같은 과정이 매우 효율적인 방법으로 사용된다.

예를 들어 수영을 지도할 때에도, 학습자에게 일단 왕복 스트로크(stroke)를 하게 한 후, 약한 부분을 찾아내어 그 부분만을 집중적으로 훈련시킨 다음 전체적인 스트로크를 하게 한다. 이렇게 학습자는 자신의 약한 부분을 보강시킴으로써 전체적인 기술 감각을 익히게 되는 것이다(Methods of Practice, 2017, April 24). 이러한 학습방법, 즉 Whole-Part-Whole은 테니스 지도(Martens, 2017, April 24)뿐 아니라 피겨스케이팅의 기술 연마에도 적극적으로 활용되고 있는 것을 여러 매체를 통해 알 수 있다. 이와 같이 Whole-Part-Whole의 과정은 학습 프로그램 설계를 위해

실용적 방법으로 사용되고 있으며 단기 과정뿐 아니라 장기 과정의 학습 프로그램에서도 매우 유용한 기초 체계가 되고 있다(Marjorieumg, 2017, April 24).

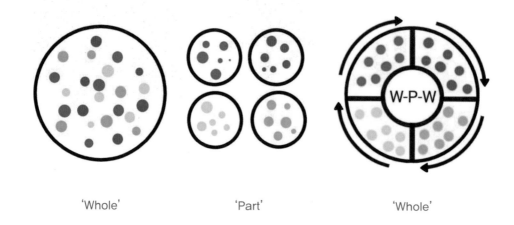

'Whole'   'Part'   'Whole'

Body-Mind Centering®을 창안한 코헨(Bonnie B. Cohen)은 그녀의 프로그램에서 신체의 전체론적 관점(holistic view)을 중요시한다. '전체론적(holistic)'이란 전체가 단순히 각 부분들이 모인 총합이 아니라, 생명 현상의 전체(총체)로 보는 시각으로, 신체 각 부분의 기능은 모든 다른 부분들과 긴밀하게 연관되어있는 '유기적 조직체(organism)'로 보는 관점이다. 따라서 유기적 조직체인 우리의 신체는 끊임없는 유기적 과정(organic processes)을 이루고 있다. 이와 같이 신체(body)는 개인(person)의 본체이며, 각 개인은 무수히 많은 종류의 신비롭고 복잡한 요소들로 구성되어 있고, 아무리 미세한 부분이라도 각 개인의 전체에 영향을 주고 있는 것이다 (Haseltine, 2017, April 24).

이러한 "Whole-Part-Whole", 즉 인체의 한 부분(Part)과 전체(Whole body)와의 연관성에 주의를 기울이는 과정은 소매틱 움직임 수련에 있어 매우 중요하다(Eddy, 2016, p. 135). 코헨(Bonnie B. Cohen)뿐 아니라, 바르티니에프(Irmgard Bartenieff)도 어떤 특정 인물의 움직임을 분석할 때에, 먼저 'Body Attitude', 즉 전체적인 자세

혹은 태도를 관찰하고 나서, 신체의 각부분을 나누어 관찰한 후, 종합 평가를 하고 여러 가지 지도를 시도해본다(Bartenieff, & Lewis, 1980, p. 158, & pp. 211-213).

"ATM(Awareness through Movement)" 프로그램을 개발한 펠든크라이스(Moshé Feldenkrais) 역시, 자세를 교정하기 위한 여러 가지 소매틱 수련법을 제안하기 전에, 클라이언트(client)가 자신의 연구실에 들어올 때부터 어떻게 걸어서, 어떤 자세로 들어오는지를 전체적으로 살핀 후, 앉아보게 하고, 드러눕게 하여, 한 부분씩 점검해보고, 각 개인에 맞는 운동법을 찾을 수 있도록 도와준다고 한다.

각 프로그램마다 약간의 차이는 있을 수 있으나, "Whole-Part- Whole"의 학습방법은 인체 움직임의 재배치에 있어서는 매우 중요한 핵심 방법 중 하나라고 생각된다. 따라서, 발레 연습을 하거나, 지도를 하는 데 적용하여, 일단 전체적 동작 구성을 처음부터 끝까지 해보고 나서, 각 부분으로 나누어 문제점을 찾아 면밀히 살피면서 연습을 해보면 어떨까? 제안해본다.

Somatic Ballet® Logo

소매틱 발레는 자신의 내적인 신체 자각을 통해 끊임없이 자기 탐구(탐색) 과정을 거쳐 스스로를 재발견해나가는 과정을 중요시하는, 즉 '과정을 지향하는 (process-oriented)' 프로그램으로, 첫째, 참신한 학습 상황(Novel Learning Context), 둘째, 감각 조율(Sensory Attunement), 셋째, 증강 휴식(Augmented Rest)을 핵심요소로 하고 있다.

소매틱 발레의 학습방법으로는 '4 Ss(Slow, Small, Simple, & Smooth)'와 'W-P-W(Whole-Part-Whole)'를 제시하였다. 소매틱 체(현)화를 위해서는 우선 움직임을 천천히(Slow), 작게(Small), 단순하게(Simple), 그리고 부드럽게(Smooth) 함으로써 자신의 내적인 신체감각을 더욱 섬세하게 각성시킬 수 있게 된다. 그리고 움직임의 전체적인(Whole) 흐름을 습득한 후, 신체 각 부분(Part)의 구조와 기능을 익히고, 다시 전체적(Whole)으로 각 부분과의 유기적 과정을 체득함으로써 몸과 마음의 통합을 경험할 수 있게 되는 것이다. 이 외에도 다른 학습방법이 있겠지만, 그동안의 연구와 경험을 바탕으로 이 두 가지 방법을 제시하였다.

소매틱 체(현)화의 과정은 "어떻게 하면 우리의 신체를, 우리의 정신을 자각시키는가?"를 '알아가는(becoming to know)' 과정이다. 이를 위해 많은 소매틱 움직임 종사자들이 여러 소매틱 기법들을 체득하여 자신의 목적에 부합하는 프로그램을 개발하였다.

현재까지 연구되어진 여러 소매틱 기법들 중에는 동양의 심신 수련법들 중 일부를 체득하여 적용한 프로그램들이 있는데, 롤프(Ida Rolf)는 인도의 요가를, 바르티니에프(Irmgard Bartenieff)는 중국의 타이치와 기공을, 펠든크라이스 (Moshé Feldenkrais)는 일본의 주도(Judo)를, 코헨(Bonnie B. Cohen)은 일본의 갓츠겐운도(Katsugen Undo)를, 콘라드(Emilie Conrad)는 아이티(Haiti)섬의 고대 토착민 춤 문화에서 영향을 받아 그녀의 고유 프로그램을 개발하였다. 뿐만 아니라, 일본의 부토 댄스, 아프리카의 원시 춤의 영향을 받고 개발된 프로그램들도 있다(Eddy, 2016, pp. 85-100).

또한, EastWest Somatics를 개발한 산드라 프렐라이(Sondra Fraleigh)는 그녀의

프로그램 중에 'Shin Somatics'가 있는데, 그녀가 제시하고 있는 'Shin'이 'God'을 의미하는지(?), 'Spirit'을 의미하는지(?)는 알 길이 없으나, 선(禪: Zen)에서 사용하는 단어로 몸과 마음, 그리고 정신을 통합하는 'oneness'로 이해하는 듯하다 (EastWest, 2022, January 3). 이렇듯, 서양의 몇몇 소매틱 움직임 프로그램의 창시자들이 동양의 심신 훈련법의 영향을 받고 자신만의 통합적인 프로그램을 개발하고 있다는 점에 주목할 필요가 있다.

나는 한국의 심신 수련법인 '국선도'와 일본의 '갓츠겐운도'를 체득하면서, 그리고 한국의 전통춤을 재고찰하면서, 우리나라의 춤과 동양의 심신 수련법을 소매틱 발레 교수법에 적용시킬 수 있다면, 현재까지 개발된 그 어떤 프로그램보다도 더 의미 있고, 효율성이 높은 교육 프로그램이 될 수 있지 않을까라는 생각이 들었다.

물심 이원론, 즉 "나는 생각한다, 그러므로 나는 존재한다.(I think, therefore I am.)"라고 말한 데카르트의 유명한 명제에 반하여, 'Somatics'라는 신조어를 만들어 낸 토마스 한나(Thomas Hanna)는 "나는 생각한다, 그러므로 나는 움직인다.(I think, therefore I move.)"라 하였다.

하루키 무라카미는 "나는 움직인다, 그러므로 나는 존재한다.(I move, therefore I am.)"라고 하였으며, 로빈 에드워드 풀톤(Robin Edward Poulton)은 "나는 춤춘다, 그러므로 나는 존재한다.(I dance, therefore I am.)"라는 책을 출간하였고, 치치니니 첸(Chichinini Chen)은 "나는 생각한다, 그러므로 나는 춤춘다.[I think, therefore I dance.(舞思故舞在)]"라고 하였는데, 이에 대해 나는 "나는 사유(思惟)한다, 그러므로 나는 발레를 한다.(I think, therefore I am 'Ballet' dancing.)"라고 표명하고자 한다. 왜냐하면, 우리는 의식적이건, 무의식적이건 사유(思惟)하는 몸으로 늘 춤을 추고 있기 때문이다.

'사유(思惟)'란 마음으로 생각한다는 뜻이다. 즉, 사유하는 몸(thinking body)으로 늘 춤을 추고 있듯이! 사유하는 몸으로 신체원리에 맞게 발레를 한다면 교육적/치료적 효과는 기대 이상이 될 것이라 확신한다.

"나는 생각한다, 그러므로 나는 움직인다. (I think, therefore I move.)"

—토마스 한나(Thomas Hanna)—

"나는 움직인다, 그러므로 나는 존재한다. (I move, therefore I am.)"

—하루키 무라카미(Haruki Murakami)—

"나는 춤춘다, 그러므로 나는 존재한다. (I dance, therefore I am.)"

—로빈 에드워드 풀톤(Robin Edward Poulton)—

"나는 생각한다, 그러므로 나는 춤춘다. (I think, therefore I dance. 舞思故舞在)"

—치치니니 첸(Chichinini Chen)—

"나는 사유(思惟)한다, 그러므로 나는 발레를 한다. (I think, therefore I am 'Ballet' dancing.)"

—김경희(KyungHee Kim)—

참고문헌

김경희. (2015). Pedagogical Inquiry of BodyMind Dancing™. **대한무용학회논문집**, 73(4), 63-74.

김홍경. (2003). **노자**. 서울: 들녘.

장경영, 장방흥, 방락창. (2011). **도인술의 원류 비전 화타 오금희**(김성기, 역). 서울: 성균관대학교출판부.

허경무. (2000). **국선도 강해**. 서울: 밝문화미디어.

Autere, A. (2013). *The Feeling Balletbody*. Pittsburgh, PA: Dorrance Publishing Co., Inc.

Batson, G. (2007). Revisiting Overuse Injuries in Dance in View of Motor Learning and Somatic Models of Distributed Practice. *Journal of Dance Medicine & Science*, 11(3), 70-76.

Batson, G. (2009). Somatic Studies and Dance. *International Association for Dance Medicine and Science*, 1-6.

Bartenieff, I., & Lewis, D. (1980). *Body Movement: Coping with the Environment*. UK: Psychology Press.

EastWest. (2022, January 3). Retrieved from https://www.eastwest somatics.com/

Eddy, M. (2002). Dance and Somatic Inquiry in Studios and Community Dance Programs. *Journal of Dance Education*, 2(4), 119-127.

Eddy, M. (2016). *Mindful Movement: The Evolution of the Somatic Arts and Conscious Action*. UK: Intellect Ltd.

Fortin, S., & Siedentop, D. (1995). The Interplay of Knowledge and Practice in Dance Teaching: What we can learn from a non-traditional dance teacher. *Dance Research Journal*, 27(2), 3-15.

Grace of Sense. (2021, January 21). Simple Practices. Retrieved from https://www.graceofsense.com

Haseltine, R. (2017, April 24). Holding the Whole: BMC Concepts and Principles. Retrieved from http://www.bmcassociation.org

Kourlas, G. (2021, January 23). 'Slowing Down to Feel': Moving Our Minds Around Our Bodies. Retrieved from https:// www.nytimes.com

Marjorieumg. (2017, April 24). Retrieved from http://marjorieumg. weebly.com

Martens, R. (2017, April 24). When to teach whole versus part practice. Retrieved from http://www. humankinetics.com/ excerpts/excerpts/when-to-teach-whole-versus-part -practice

Methods of Practice. (2017, April 24). Whole-Part-Whole Method. Retrieved from http://www.teachpe. com/sports_psychology

Multi-Tasking. (2015, August 30). 에드워드 헬러웰. Retrieved from http://blog.naver.com/

Multitasking. (2017, April 24). Health. Retrieved from http://www. health.com/Whole-Part-Whole Learning Process.

Murphy, S., Nordin, S. M., & Cumming, J. (2008). *Imagery in sport, exercise and dance*. UK: Human Kinetics.

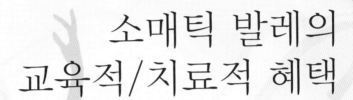

소매틱 발레의
교육적/치료적 혜택

1. 자기성찰을 통한 자각(Self-awareness through Self-reflection)
2. 자기주도적 탐색(Self-exploration through Self-directed process)
3. 자기수용을 통한 자기 제어조절(Self-regulative control through Self-acceptance)
4. 체득을 통한 자기 치유(Self-healing through the Embodiment process)

ISMETA(International Somatic Movement Education/Therapy Association)에서
표명하고 있는 소매틱 움직임의 교육과 치료의 목적은 "움직임 자각(movement
awareness)을 통하여 인간의 기능과 몸마음 (bodymind)의 통합을 향상시키고자 함"
이며, 이 목적을 달성하기 위하여 ISMETA에 등록된 모든 프로그램들은 다음과
같은 목표를 제시하고 있다:

첫째, 객관적인 신체적 과정으로서뿐 아니라 깨어 있는 의식의 주관적인
　　　과정으로서의 '몸(body)'과 환경과의 상호작용을 갖는
　　　움직임(movement)에 관심을 집중시킬 수 있도록 도와준다.
둘째, 구조적, 기능적, 그리고 표현적 통합을 지지하는
　　　'움직임 조정력(movement coordination)'을 증진시킬 수 있도록 도와준다.
셋째, 체(현)화된 생동감을 경험하고 인생의 의미와 즐거움을 창조해 나갈 수
　　　있도록 도와준다.

(ISMETA, 2021)

ISMETA Logo (출처: ismeta.org)

ISMETA에서 제시하고 있는 목표들을 주목해보면, 소매틱 움직임을 교육하고자, 혹은 소매틱 움직임으로 누군가를 치료하고자 하는 교육자나 치료사들의 역할은 "~~을 할 수 있도록" 도와주는 일이다. 과거 전통적인 교육이나 치료방법에서의 "교육자/치료사가 주도하는(educator/therapist-directed)"이 아닌, "학습자 중심의(student-centered)" 혹은 "학습자가 주도하는(student-directed)" 교육/치료 과정인 것이다. 따라서 소매틱 움직임 교육자/치료사는 학습자가 스스로 할 수 있도록 인도하고(to guide), 도와주며(to help), 가능하게(to facilitate) 해주어야 한다. 그렇기 때문에, 소매틱 움직임 프로그램을 지도하는 교수자를 '프랙티셔너(Practitioner)'라고 한다.

즉, 모든 소매틱 움직임 교육과 치료는 전 과정에 있어 학습자 자신(self)이 주체가 되어, 다시 말해 교육자/치료사가 시키는 대로 움직이는 것이 아니고, 교육자/치료사의 '도움을 받아(be guided)' 학습자 자신이 스스로의 신체자각을 일깨워 체득함으로써 자기 치유(self-healing)에 이르는 것이다. 그렇기 때문에 소매틱 움직임 교육/치료의 특질을 살펴보면, '자각(self-awareness)', '자기성찰(self-reflective)', '자기탐구(self-explorative, 혹은 self-investigative)', '자기주도(self-directed)', '자기조정(self-adjustment)', '자기수용(self-acceptance)', '자기조절(self-control)', '자기제어(self-regulative)', 그리고 '자기치유(self-healing)' 등으로 설명된다(Dragon, 2015, pp. 25-32).

물론, 소매틱 움직임의 교육적, 치료적 특질을 설명하는 데 있어 보다 많은 용어들이 있겠지만, 나는 위에서 열거된 특질들을 네 가지로 분류하여 소매틱 발레를 학습함으로써 얻을 수 있는 교육적/치료적 혜택을 탐구하였다.

첫째, 자기성찰을 통한 자각(Self-awareness through Self-reflection)

둘째, 자기주도적 탐색(Self-exploration through Self-directed process)

셋째, 자기수용을 통한 자기 제어조절

　　　(Self-regulative control through Self-acceptance)

넷째, 체득을 통한 자기 치유(Self-healing through the Embodiment process)이다.

1. 자기성찰을 통한 자각
(Self-awareness through Self-reflection)

소매틱 움직임에 내재되어 있는 교육적, 치료적 특질 중에서 가장 두드러지게 나타나는 특질 중 하나는 "자각"이다. Eddy(2016)는 "소매틱 움직임은 자각과 자기성찰로 행해진다"(p. 7)라고 정의를 내리고 있다. 소매틱 움직임 교육/치료에 있어서 '자기성찰'이라 함은 과거 자신의 움직임과 직결된 모든 생활 습관을 포함한 소소한 일상까지도 뒤돌아보아 무엇이 문제이었는지를 살피는 일이다.

예를 들어, 자신의 오른쪽 고관절이 오래전부터 아프다고 하자. 어디가 아프다고 무조건 약을 사먹거나, 도수 치료를 받는 것이 아니고, 자신의 통증이 무엇 때문인가에 대해 꼼꼼히 살펴보아야 한다는 것이다. 혹시, 자신이 걸을 때, 앉아 있을 때 자세는 어떠했는지?, 평상시에 신경이 예민한지?, 화를 잘 내는지?, 식사는 규칙적으로 하는지?, 소화는 잘되는지?, 아침에 일어나서 화장실에는 잘 가는지?, 잠은 잘 자는지? 등 자신에게 물어보아야 할 질문들이 수십가지는 될 것이다.

왜냐하면 오직 한 가지 이유 때문에 통증이 유발되는 것은 아니기 때문이다. 이러한 자기 분석적(비판적) 사고(critical thinking)가 소매틱 발레를 교육하는 데 있어 중요한 관점이다. 이와 같은 자기성찰을 Eddy(2004)는 '소매틱 성찰(somatic reflection)'이라 하였으며, 이를 통해 우리의 감각(sensation)이 충분히 일깨워지고 자각할 수 있게 되는 것이다.

왜 여기가 아프지?

　　우리나라 선비의 학문정신을 살펴보면, 선비는 부단한 자기성찰 속에서 참
자아를 발견하고 실현하는 것을 공부의 궁극적 목표로 삼았다고 하는데,
공자(孔子)는 그것을 '활쏘기'에 비유하였다고 한다(김기현, p. 170). 왜냐하면,
활을 쏠 때 과녁을 벗어나면, 그 문제점을 돌이켜 자신에게서 찾는다고 한다.
"자기성찰"인 것이다.

　　자기성찰(self-reflection)이 충분히 되었을 때, 비로소 자각(self-awareness)이
가능해진다. '활쏘기'는 순수한 우리말로, 활을 쏘아 과녁을 맞히는 우리나라의
전통 무술 중 하나이지만, 역사적으로 살펴보면, 원시시대부터 사냥과 전쟁을
위하여 사용되었다.

　　'활쏘기'를 지칭하는 단어는 몇 가지 있지만 일본에서는 '규도(Kyudo)'로 알려져
있으며, 이는, 한문으로 '궁도(弓道)'이다. 우리나라에서는 한국의 전통 궁술
스포츠로 '국궁(國弓)'이라고도 부르며, 고려시대부터 조선시대까지 시행된
무과(武科) 과거시험의 평가항목이었으며, 일본에서도 사무라이 수업에서 가르쳤던
무예 중 하나이다. 이는 점차적으로 심신을 단련하는 중요한 수련법으로
오늘날까지 전수되고 있다.

　　알렉산더 테크닉의 프랙티셔너(Practitioner)로서, 자신의 프로그램인 "Grace of
Sense"를 개발하여, 현재는 온라인(On-Line)에서 활발하게 수업을 진행하고 있는

부르스 펄트먼(Bruce Fertman)은 그의 보완적 소매틱 수련법으로 '규도(Kyudo: 弓道)'
를 하였다고 하는데(Grace of Sense, 2021, January 21), 이는 아마도 우리 동양권에서
몸과 마음의 수양을 목적으로 '활쏘기' 수련을 하고 있다는 점에 주목하였기
때문이라 사료된다.

한국, 1900년대 활쏘기   일본, 규도(Kyudo: 弓道)

(출처: 국궁신문, http://www.archerynews.com)

소매틱 발레 수업에서 가장 우선시 되는 것은 "오늘 나의 기분은 어떤가?"라는
질문을 자신에게 던지는 것이다. 스스로에게 던진 이 질문으로 인하여 학습자는
자신에게 일어났던 경험들에 대하여 깊이 성찰할 수 있는 시간을 갖게 되며, 이를
통해 학습자는 자신을 알아가는, 즉 자각(自覺: Self-awareness)하는 체험을 하게
된다.

미국의 컨템포러리 공연 예술가인 루스 자포라(Ruth Zaporah)는 자신의
프로그램인 '액션 시어터(Action Theater)'에서 눈을 감고 자신의 내부에 집중하는
시간을 갖게 한다. 이렇게 눈을 감고 자신에게 질문해보는 시간을 가짐으로써 자기
몸의 감각과 내부의 움직임에 귀를 기울이며 자신의 감각을 인식하여 자신이
원하는 것이 무엇인가를 알아가며 움직이게 된다(Zaporah, 2018, March 12). 이것이

바로 자기성찰을 통한 자각, 즉 소매틱 발레 교실에서 얻을 수 있는 교육적/치료적 혜택이다.

자기성찰은 출가한 수도승이 찾는 절이나 수도원에서만 할 수 있는 것이 결코 아니다. 일상생활에서는 물론, 우리의 연습실에서 항상 실현되어야만 한다고 생각한다. 이에 대해 일일삼성(一日三省), 즉 하루에 세 가지를 반성한다는 『논어』에 나오는 말씀인데, 나는 이를 발레 학습에 적용하여, 첫째, "나의 몸을 위해 '성실' 하였는가?", 둘째, "나의 몸에 대한 '신의'를 지켰는가?", 셋째, "몸의 가르침(진리)을 실천하였는가?"를 매일 성찰하는 시간을 가질 것을 제안한다. 이는 세상이 아무리 빠르게 변한다 해도 우리 삶에 있어서, 특히 우리의 발레(무용) 학습에 있어서, 여전히 중요하며 의미 있는 학습지침인 것이다.

첫째, "나의 몸을 위해 '성실'하였는가?",
둘째, "나의 몸에 대한 '신의'를 지켰는가?",
셋째, "몸의 가르침(진리)을 실천하였는가?"

(출처: pngegg)

2. 자기주도적 탐색
(Self-exploration through Self-directed process)

내 몸은 누구보다 내가 제일 잘 안다! 배가 고픈지, 뭐가 먹고 싶은지, 갈증이 나는지, 뭐가 마시고 싶은지, 내가, 자신이, 찾아서 먹고, 마셔야 한다. 누가 대신해 줄 수 있는 문제가 아니다!

무엇을 먹을까?

아침에 일어나 화장실에 가서 하는 배변 활동도 마찬가지이다. 누가 대신해서 그 노력을 해줄 수는 없다. 내가, 자신이, 아랫배에 힘을 주어야 하는 일이다. 내 몸 어딘가가 가려울 때, 얼마나 가려운지, 얼마나 긁어야 시원한지는 자신만이 알고, 자신만이 할 수 있는 것이다. 내 몸 어딘가가 쑤시고 아프면, 또 어떤가? 나도 모르게, 저절로 그 부위에 손이 가서 문지르고 있는 자신을 발견하게 된다.

일본의 '갓츠겐운도(Katsugen Undo)'를 개발한 하루치카 노구치(Haruchika Noguchi)는 "누군가의 자세를 고쳐주기 위해, 남의 척추를 펴주기 위해, 힘을 가하는 것은 말도 안 되는 터무니없는 짓이다"(Noguchi, 2018, July 1, p. 2)라고 하였는데, 그는 내 몸이 자신의 주인이 되어, 주도적으로, 스스로 바로 잡아가야 한다고 강조한다. 갓츠겐운도는 한자로 "活元運動(활원운동)"이라고 하는데, BMC®(Body-Mind Centering®)를 개발한 바니 코헨(Bonnie B. Cohen)이 일본에서 습득한 보완적 소매틱 수련법으로, 이는 그녀의 프로그램에 매우 큰 영향을 끼쳤다고 한다(Eddy, 2016, p. 85).

노구치(1984)는 "네 자신이 몸을 바르게 하고 싶으면, 'you must do it yourself'"라고 설명하면서, 타인이 너를 위해 너의 몸을 바로 잡아주기를 원하는 것 자체가 잘못되었음을 거듭 강조한다. 그러면서 'Seitai[세이타이: 整体(정체)]', 즉 '몸을 바르게 함'이 갓츠겐운도의 목적이며, 이는 자신만이 할 수 있으며, 자신만이 해야 함을 설파한다(pp. 63-64).

사단법인 정체협회 본부 (개인자료)

하루치카 노구치 (출처: https://en.wikipedia.org)

소매틱 움직임 교육/치료의 또 다른 특질 중 하나인 "자기주도적" 혹은 "학생 중심적(student-centered)" 특질은 미국의 교육 철학자이며 심리학자인 존 듀이(John Dewey)의 실험주의적 교육론과 그 맥을 같이 한다고 볼 수 있다. 존 듀이는 소매틱 교육의 선구자이며 알렉산더 테크닉(Alexander Technique)을 개발한 프레드릭 마티아스 알렉산더(F. M. Alexander)로부터 그의 테크닉을 배웠다. 듀이는 탐구보다 행동에 중점을 둔 실천적 연구를 바탕으로, 교육 정신을 행동으로 옮길 수 있도록, 즉 실현시키는 방법을 경험할 수 있도록 해줘야 한다고 강조하였다.

F. Matthias Alexander teaching John Dewey
(출처: https://alexandertechnique.com/dewey)

매리 코헨(Mary Cohen)은 어떻게 알렉산더가 듀이의 교육철학에 영향을 끼쳤는가에 대해 고찰하였는데(Cohen, 2018, March 12) 이를 살펴보면, 듀이가 "실천함으로써 학습하는(learning by doing)" 교육 과정을 중시하였다는 점에서, 소매틱 움직임 교육적/치료적 특질이 듀이의 "학습자 중심의" 교육철학을 심화시키는 중요한 계기가 되었을 것이라 판단된다.

	교사 주도(Teacher-directed)의 학습	학생 중심(Student-centered)의 학습
강의실에서		
무용실에서		

선생님의 발 모양만을 응시하고 있는 학습자

소매틱 움직임 수업에서 가장 흔히 들을 수 있는 교수자의 구두의 큐는 "네 자신의 리듬을 따라가라!"이다. 교수자는, 학습자의 움직임을 지도하지만, 학습자는 절대 교수자의 움직임을 따라 해서는 안 된다고 강조하며, 학습자 자신의 '몸의 소리(the voice of your body)'에 귀 기울이며 자신의 몸을 탐색해 나가는 과정으로 움직임을 수행해 나가야 한다.

어티어(Autere, 2013)는 절대로 선생님을 카피(copy)해서는 안 된다고 거듭, 거듭 강조하고 있다(pp. 21-22). 간혹, 수업 중에 학습자가 "이렇게 하면 되는 거예요?"라고 질문을 하게 되면, 교수자는 "그러면, 그렇게 한번 해봐! 그렇게 하면 무엇을 느끼게 되니?" 하면서 오히려 교수자가 학습자에게 질문을 한다. 이러한 과정에서 학습자는 자신의 주도하에 자신의 몸을 탐구하게 된다. 이러한 소매틱 움직임 교육의 자기주도적 탐색(self-investigative/self-explorative)의 특질이 듀이의 경험적 교육철학을 더욱 심화시켰다고 판단하는 중요한 이유이며, 소매틱 발레 수업에서 얻을 수 있는 핵심적 혜택 중 하나라고 생각한다.

3. 자기수용을 통한 자기 제어조절
(Self-regulative control through Self-acceptance)

소매틱 움직임 교육/치료의 또 다른 특질 중 하나는 자신을 받아들이고 (self-acceptance), 자신에게 맞추어(self-adjustment), 자신을 조절하여(self-control), 자신을 제어하는(self-regulative) 것이다. Eddy(2016)는 소매틱 움직임 수업에서 학습자의 소매틱 경험을 이끌어내기 위해 가장 흔히 들을 수 있는 구두의 큐로 "자신의 몸의 소리를 들어라(listening), 기다려라(waiting), 받아들여라(accepting), 그리고 허락해라(allowing)"(Eddy, 2016, p. 120)라고 정리하였다. 이러한 과정을 통해서 자신을 수용함으로써(self-acceptance) 우리 신체에 존재하는 그 어떤 경험이라도 자신의 몸에 맞게 조절하며 제어하면서 표출할 수 있도록 허락하라는 것이다.

우리 몸에는 내부와 외부의 자극에 따라 신체 기관의 기능을 항시 조정하는 자율신경계가 있다. 이 자율신경계는 호르몬 분비 및 혈액 순환, 호흡, 소화, 배설 등과 같은 여러 활동의 조절을 통해 신체 내부적 안정과 균형, 즉 항상성의 유지를 돕는다.

예를 들어, 눈부신 햇살을 보면 우리는 눈을 살짝 감게 된다. 반대로 어두운 곳에 들어가면 동공이 커지게 된다. 급한 일이 있으면 이에 대처하기 위해 우리의 몸은 근육을 수축시키고, 평상시에는 신진대사가 원활하도록 근육을 이완시킨다. 이 모든 신체에서 일어나는 반응을 우리는 의식할 수 없고 마음대로 조절할 수 없지만, 이렇게 상황에 맞춰, 신체가 적절히 긴장과 이완을 할 수 있도록 우리가 할 수 있는 일은 자신의 '몸의 소리'에 귀 기울이고, 자신을 수용하는 것이다. 이것이 소매틱 움직임 교육의 "근본"이라고 Eddy(2016)는 강조하고 있다(p. 293). 이렇게 함으로써 자기수용감각성(proprioception)을 증진시키게 되어 스스로를 제어하고 조절할 수 있는 자율신경계 기능을 도울 수 있게 된다.

"자기수용(自己受容)이라 함은 자신의 몸과 마음을 알아차리는 데에서부터 시작한다. 그 과정은 첫째, 자기자신을 가치 있는 인간이라고 생각하고, 둘째, 자신의 가치기준이 자신의 경험에 근거한 것이라고 생각하며, 셋째, 자신의 감정을 그대로 볼 수 있게 되었을 때, 자기수용의 상태에 도달하였다"(한국사전연구편집부, 1996) 할 수 있다.

I ♥ Me!: Accept Myself!

이는 동양의 가르침에서 말하는 '마음공부'와 그 맥락을 같이 한다고 생각된다. 맹자(孟子)는 "사람들은 개나 닭이 도망가면 찾으려 하면서도, 제 마음을 놓치고서는 찾을 줄을 모르니 안타깝구나"라고 하였다(이종찬, 2008, p. 5). 우리나라의 퇴계 이황 선생님께서 수련하셨다는 '활인심'에서도 "마음의 초점이 제 자리를 벗어나면, '신(神, Spirit)'도 달려나가고, '신(神, Spirit)'이 달려나가면,

'기(氣)'가 흩어지고, '기(氣)'가 흩어지면 병이 생기고, 병이 생기면, 다치거나, 죽는다"(이황, 2006, p. 26)라고 하였다.

"마음챙김(mindfulness)"이 가장 중요한 것이다. 다른 사람의 마음이 아니라, "자신"의 마음인 것이다. 요즈음에는 'mindfulness'에서 'bodyfulness', 또 어떤 소매틱 움직임 연구자는 'spiritfulness'라는 용어까지 사용한다. 나는 이 모두가 하나라고 생각한다. 마음이 몸이고, 몸이 정신이고, 정신이 마음이다. 사실, 따로 따로 분리시켜 이야기할 필요도 없는 것이다.

국선도 수련 과정에서 "남이 한다고 다 따라 하지 마시고!", "자기 몸에 맞게!"라는 구두의 큐를 많이 듣는다. 처음에 "나는 발레를 했다는 사람이 왜 이런 동작까지 안 되지?"절망했었다. 그런데 선생님께서 "하려고 하지 마십시오, 하면 됩니다!"라고 말씀하셨다. 도무지 이해가 되질 않았지만, 지나치게 애쓰지 말라는 의미로 이해하고 그저 '호흡'에만 집중을 하였다. 1년 정도가 지났을까? 엄두도 내지 못했던 자세와 동작이, 마치 예전부터 되었었던 것처럼 자연스럽게 되고 있었다. 국선도 수련장에는 거울이 없다. 남과 비교하지 말고, 자신의 호흡에 집중하라는 의미이다.

컨템포러리 댄스 안무자이며 무용가로 널리 알려진 오하드 나하린(Ohad Naharin)의 스튜디오에서도 거울을 덮고 연습을 한다고 한다. 오하드 나하린은 바체바 무용단(Batsheva Company)의 예술감독으로 재직 시, "가가(Gaga)"라는 교수법을 개발하여 무용수들을 지도하였는데, 이는 정형화된 테크닉 수업 방식에서 벗어난 프랙티셔너의 소매틱 경험을 강조하는 방식으로, 지도자의 도움을 받아 무용수들의 즉흥적 움직임 용어(improvisational movement language)를 이끌어내는 지도법이다. 무용수 개개인의 감지력(sensing)과 상상력(imagining)이 요구되는 "가가(Gaga)" 수업에서는 거울이 철저하게 배제되어 진행된다.

연습실의 거울을 덮고, 자신만의 움직임을 탐색하는 가가(Gaga) 수업
(출처: https://www.danceinforma.com)

이외에도 요즈음에는 몇몇 컨템포러리 공연 예술가들이 거울 보는 것을
멀리한다고 한다. 자신의 '몸의 소리'에 집중하기 위함이라고 생각된다. '자신'을
찾고, '자신'의 몸에 맞도록, '자신의 몸'이 허락한 만큼 '제어'하고, '조절'하면서
무용학습을 해야 하는 이유이다.

소매틱 발레의 학습과정에서는 "절대 무리하지 않도록" 가르친다. 자신의 몸을
신뢰하며 자신의 몸에 맞게, 자신의 몸이 시키는 대로 움직임을 허락하도록
유도한다. 그렇기 때문에 학습자는 불필요하게, 과도하게 근육을 절대로
긴장시키지 않는다. 어티어(Autere, 2013)는 발레 무용수의 "죽도록 열심히 하는
습관(habits die hard)"에 대해 심각하게 경고하고 있다(p. 176). 물론, 나 역시 "죽도록
열심히" 하였었고, 아직도 내 몸이 그 습관을 기억하고 있다는 것을 안다. 깊이
반성하고 있으며, 먼저 나 자신을 우선 변화시키고, 학생들을 변화시키고자 한다.

동양의 수천 년 역사 속에서 오직 인간의 건강을 유지하기 위한 적극적
예방의학인 '양생학(養生學)'에서도 "몸을 늘 움직이되 지치지 않도록"
(전국한의과대학예방의학교실, p. 60) 하여야 함을 강조한다.

"발뒤꿈치를 들면 오래 서 있지 못한다. 보폭을 넓게 하면 오래 걷지 못한다." (김홍경, p. 736)고 한 노자(老子) 말씀을 다시 한번 생각하게 하는 대목이다. 이러한 소매틱 발레의 학습 과정에서는 다소, 교육과 치료의 효과가 더디게 나타난다고 생각하게 될지는 모르지만, 긴 안목으로 본다면, 이렇게 함으로써 큰 무리 없이 보다 건강하고 효율적인 교육과 치료의 효과가 기대되는 것이다. 이것이 소매틱 발레 수업의 또 다른 차별화된 학습 과정이다.

4. 체득을 통한 자기 치유
(Self-healing through the Embodiment process)

"Just Do It!"은 스포츠 의류, 용품 제조회사인 나이키(Nike)의 등록 상표이자,
브랜드의 핵심요소 중 하나이다. 이 슬로건은 한국말로 "일단 한번 해봐!"이다.
해보지 않고서, 무엇인들 제대로 이해하겠느냐?이다.

현대그룹의 초대회장인 정주영 회장의 대표적 어록으로 알려져 있는 "해봤어?"
역시, 해보지도 않고 '무리'이니 뭐니라는 말을 하지 말라는 의미이다. 지금
생각해보면, 다소 비판의 여지가 있을 수 있지만, 나는 필요하다면 무엇이든 '말이
아니라' 일단 해봐야 한다는 주장에는 동감한다.

정주영 회장 – 이봐, 해봤어?

요즈음, 넷플릭스 시리즈로 전 세계를 강타하고 있는 『오징어 게임』의 마지막회에서, 게임 주최자인 오일남이 상대방인 이정재(성기훈 역)에게 한 말이 생각난다. "…, 보는 것이 하는 것보다 재미있을 수가 없지…"라고 말하며, 자신이 왜 그 게임에 직접 참여했는지를 설명하고 있다. 오일남은 오징어 게임을 설계하였지만, 자신이 죽기 전에 "관중석에 앉아서는 절대로 느낄 수 없는 그 기분"을 느끼고 싶어서 직접 참여하였다고 한다.

자신이 직접 "체득"한 경험은 그 어느 것과도 비교할 수 없는 중요한 교육 중의 교육이다. 이렇게 "체득된(embodied)" 경험만이 자신을 재교육, 즉 치유할 수 있는 중요한 밑거름이 된다. Eddy(2016)는 "자신의 몸에 주의를 집중하는 것이 자신을 치유하는(self-healing) 열쇠라는 것을 깨달았을 때 소매틱 움직임 교육/치료의 과정이 시작된다"(p. 208)라고 기술하고 있다.

BMC®(Body-Mind Centering®)에서는 모든 세포와 연결되어 있는 신경계를 설명하기 위해 '신경세포(neuron)'라는 용어를 사용하고 있다. 이는 뇌신경으로부터 들어온 모든 정보가 우리의 운동 반응에 영향을 미치고, 우리의 움직임은 감각반응(sensory feedback)에 의해 모니터 되고 있다는 설명을 하기 위함이다(Cohen, B., 2012, pp. 158-162). 우리가 감지하고(sense), 이렇게 감지된 센세이션을 해석하고 성찰하는 소매틱 자각(somatic awareness)을 가능하게 하는 이러한 정보의 순환과정 모두가 우리 자신의 체득에 의존한다.

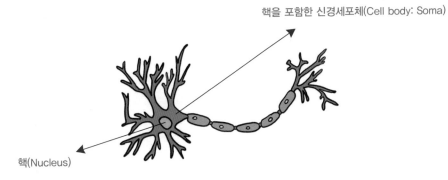

핵을 포함한 신경세포체(Cell body: Soma)

핵(Nucleus)

소마[Soma: 핵을 포함한 신경세포체(Cell body)]

다시 말해, 자신을 치유할 수 있는 방법은 자신이 겪었던 모든 경험들을
자각하면서 시작할 수 있게 된다. 즉, 자기만이 할 수 있다는 것이다. 우리는
때로 친구를 만나 넋두리를 실컷 하고 나면, 혹은 펑펑 울고 나면 어느 정도 마음이
편안해지는 경험이 있을 것이다. 또 어떤 사람은 마음이 힘들 때 신체적으로 매우
힘든 운동을 하고 나면 좀 나아진다고 한다. 그런데 여기서 신체 원리에 대한 즉
소매틱 지식을 갖춘 교수자가 도와주는 방법으로 자신의 내면의 움직임까지
끌어낼 수 있다면 그 교육과 치료 효과는 극대화될 것이다.

　　국선도 수련장 안에는 이러한 문구가 적혀 있다. "국선도는 체득(體得)으로 성립
(成立)된 것이다". '스스로의 반복되는 경험으로 학습되는 것이다'라는 의미이다.
우리의 몸은 끊임없이 움직이고, 그 움직임이 없으면 그것은 죽음을 의미한다.

　　김용옥은 노자(老子)의 말씀을 인용하며 몸의 단련으로 달성되는 가치의
중요성을 다음과 같이 강조하였다. "몸의 움직임에는 반드시 '길'이 있다. 그 길을
우리는 '도(道)'라고 말한다. 그리고 그 '도(道)'가 반복되어 몸에 쌓인 것을
'덕(德)'이라 한다. 다시 말해서 도(道)는 생겨난 대로의 자연스러운 것이고, 덕(德)은
도(道)를 몸에 축적하여 얻은 것이다. 덕은 곧, 득(得: 얻음)이다"(김용옥, p. 46).
그렇다면 수련할 때 어떠한 마음 자세로 임해야 하는가?

　　한자 도(道)를 살펴보면, '쉬엄쉬엄 가다'의 뜻을 갖는 "辶"와 '머리' 혹은
'근거'라는 뜻을 나타내는 "首"자가 결합한 글자로, 본래의 의미는 '인도하다',
'이끌다'였으나, 후에 '사람이 가야 할 올바른 길'이라는 의미로 확대되면서 "사람을
목적지로 인도하는 길", 또는 "도덕적 근거가 되는 길", 즉 "도리", 혹은 "이치"를
의미한다. 양생사상(養生思想)에서는 "道를 얻으면 장수하고, 道를 어기면 단명할
수밖에 없다"고 하면서 道를 근본으로 삼고 있다. 그렇기 때문에 우리는 이치에
맞게 끊임없이 도(道)를 닦으며, 덕(德)을 쌓아, 득(得)을 해야 한다. 이것이, 바로
"체득(體得)"인 것이다.

도(道) → 덕(德) → 득(得)
(체득의 과정)

국선도의 기혈순환 유통법을 할 때 "스스로 자신의 병이나 취약한 부위를 염두에 두고 수련하십시오.", "마음으로 전신을 살피면서 특히 운동하는 부위에 정성을 들여 해야 합니다."(허경무, p. 84)라는 유의 사항이 있다. 그리고 더욱더 중요한 것은 모든 행공에서 호흡을 할 때 편안한 마음으로 원하는 상태가 이루어질 것을 기대하며 정성을 다해야 한다고 한다(허경무, p. 28).

우리 몸에는 "심기혈정(心氣血精)"이란 원리가 있다. 글자 그대로 풀어보면, 마음 가는 곳에 기가 흐르고, 기가 흐르면 피가 흘러, 정(精)이 만들어진다는 원리이다. 국선도 수련 과정에서 우선 자신의 몸을 살피면서 자신의 취약한 부분이 좋아질 수 있다는 기대를 갖고 편안한 마음으로 정성을 다해 지속적이고 반복적인 수련 과정을 거치다 보면, 어느덧 자신의 취약했던 부분이 좋아졌다는 경험을 하게 된다. 이렇듯 마음을 다해 반복적인 신체의 경험을 통하여 자신을 치유할 수 있게 된다. 이는 체득으로 자기 치유가 이루어지고 있음을 의미한다.

심기혈정(心氣血精)

갓츠겐운도의 첫 수업에서 가장 인상 깊었던 것은 수련장 안에 공책을 못 갖고 들어가게 하는 것이었다. 수첩 정도만이 가능하였다. 그것도 갖고 들어오는 사람이 별로 없었다. 현재, 일본정체협회의 대표를 맡고 있는 히로유키 선생님은 "알려고 하지 말고, 느끼라"고만 하였다.

일본에서, 마츠바야시 선생님과의 개인 수업 중에 나는 공책에 많은 것을 적고 있었다. 그랬더니 선생님께서 지금은 너의 공책이 공부하고 있는 것이지, 네가 공부하는 것이 아니라고 하셨다. 그래도 나는 혹시 잊어버릴지도 모르니 좀 적어야 한다고 우겨대며 열심히 적었다… 결과적으로 나의 몸이 공부하는 시간을 뺏긴 셈이다.

개인의 무의식 운동과 선생님과 함께 하는 상호운동(相互運動)을 하고 나면 내 마음이 온전히 평안해짐을 느낀다. 선생님은 나의 미간(眉間)이 쫙~ 펴졌다고 하신다. 몸과 마음이 정돈된 느낌이다. 실제로 행함으로써 자신이 치유된 것은 아닐까?

어느 날, 갓츠겐운도 수업에 감기에 걸렸다고 마스크를 쓴 회원 한 분이 오셨다.

갓츠겐운도 수업 중 (출처: 개인자료)

수업 전에는 목소리도 거의 나오지 않았었는데, 수업이 끝난 후에 목소리가 거의 회복된 상태를 확인하였다. 자신의 무의식 운동으로 스스로를 치유하였다는 판단이다. 일본 체류기간 중에 몸이 안 좋은 적이 있었다. 너무 힘들었던지 신장 쪽이 좀 불편하였다. 곧 아플 조짐이었다. 나는 약을 먹는 대신에, 앉아서 등 쪽 갈비뼈 하단부위에 호흡을 집중하여 내 몸이 움직이고 싶은 대로 나의 몸을 맡겨 한참을 움직였다. 다음날 나는 정상의 컨디션을 찾았다. 나 자신의 자발적인, 무의식적인 운동을 통하여 내 몸의 불편함이 해소된 것이다.

노구치(1986)는 "자신이 설사를 하게 되면 요추로 호흡을 하고, 감기에 걸리면 흉추로 호흡을 하여 척추로 호흡하는 것만으로 몸의 이상(異常)을 바로 잡는다" (p. 24)라고 하였다. 이러한 나의 몸의 경험들, 즉 체득을 통하여, 내 몸의 무의식적 운동에 감사하고 의지하며, 세이타이 세이가츠(整體生活: 정체생활)로 자신의 감각을 갈고 닦아 스스로를 치유할 수 있는 능력을 증진시킬 수 있게 되었다.

중국의 의성(醫聖)이라 불리는, 화타가 창시했다고 전해지는 '오금희(五禽戲)'의 핵심 이론 중 하나는 양생수동(養生須動), 즉 "몸을 기르는 것은 반드시 움직여야 한다"이다. "문지도리는 좀이 슬지 않고, 흐르는 물은 썩지 않는다"라는 의미와 그 맥락을 같이 하는데, "움직이거나 운동하는 신체는 단련되고 건강해진다"는 뜻이다.

모든 소매틱 관련 수업에서는 참관이라는 것은 있을 수 없다. 몸이 불편한 사람은 불편한 대로, 자신의 컨디션에 맞는 상태에서 시작을 한다. 2015년, 미국에서 Martha Eddy의 바디마인드 댄싱(BodyMind Dancing™) 수업을 할 때에도 어떤 사람은 휠체어에 앉아서도 수업에 참여한다. 국선도를 할 때에도 바닥에 제대로 못 앉는 사람은 자신이 가장 편한 자세에서 시작하도록 한다. 갓츠겐운도 수업에서도 바닥에 못 앉는 사람은 그냥 의자에 앉아서 시작하도록 한다. 어찌 되었든 자신의 몸을 움직인다.

이렇게 반복되는 수련 과정 중에 그 경험들이 몸에 축적되어 간다. 덕(德)이 득(得)이 되는 과정이다. 나는 국선도를 할 때 가부좌 자세로 앉을 수가 없었다.

거의 1년 정도 지났을까? 나는 애쓰지 않고도 가부좌 자세를 할 수 있게 되었다.
나는 선생님께 "선생님! 저도 이제 가부좌 자세가 되어요!"라고 했더니, 선생님께서
"그러니 무엇을 하려고 하지 마세요! 그냥 하고 있으면 됩니다."라고 말씀하셨다.

가부좌 자세

그날은 무슨 뜻인지 몰랐다. 다음날, 나는 맹자 말씀 중 '물망물조(勿忘勿助)'가
생각났다. "마음에 잊지도 말고, 그렇다고 억지로 조장하려고도 해서는 안 된다"
라는 가르침인데, 당장의 결과가 보이지 않는다 하더라도 본래의 목표를 잊어서도
안 되고, 빨리 결과를 보려고 무리를 해서도 안 된다는 것이다.

거의 비슷한 사자성어가 있는데, '발묘조장(拔錨助長)'이다. 이는 "급하게
서두르다 오히려 일을 망친다"는 의미인데, 빨리하려고 하면 이룰 수가 없으니,
제발 너무 어린 학생들에게 토슈즈(pointe shoes)를 신게 하여 어려운 테크닉을
강요하지 말기를 바란다!

스스로 서두르지 않고 자연스럽게 순리대로 한다면, 장기적으로 볼 때 그것이
가장 자기 치유에 가깝게 이르는 길이라 생각된다. 노자의 도가사상에서도 "저절로

'물망물조(勿忘勿助)' : 잊어버려서도 안 되고, 억지로 이루려 해서도 안 됩니다!
'발묘조장(拔錨助長)' : 빨리 하려고 하면 절대 이룰 수가 없으며, 오히려 일을 그르치게 됩니다!

그러하게"를 강조하는데(이황, p. 183), 이 모든 말씀과 실천들이 소매틱의 근간을 이루는 정신적 영향이라 판단되는 이유이다.

노구치(1986)는 "병이 빨리 낫는 것도 결코 좋은 현상이 아니고, 신체의 기(氣) 흐름이 방해 없이 자연스럽게 흐르게 하는 것이 중요하다."(p. 170)고 강조하면서, 특히, 몸에 열이 심하게 날 때 너무 급히 온도를 낮추려고 하는 것은 오히려 위험하며, 몸에서 스스로 땀을 흘리게 하여 체온을 떨어뜨려야 한다(p. 74)고 거듭 강조를 한다. 이렇듯, 우리 몸의 치유 능력을 믿고 스스로 부단히, 부지런히 움직이는 것이 수행이며, 이러한 과정이 소매틱 학습인 것이다.

소매틱 움직임 학습과정에서 교수자는 학습자에게 "오늘 네 기분은 어떠니?", "이 수업이 끝난 후 너는 어떤 상태가 되기를 기대하니?"라는 질문을 항상 한다. 바디마인드 댄싱(BodyMind Dancing™) 수업에서 있었던 경험 중에, 한 학생이 "저는 오늘 치아가 무척 아픕니다."라고 하면서 "이 수업이 끝나면 이 치통이 없어졌으면 합니다."라고 답하였다. 한참을 교수자가 안내하는 대로 움직이던 중, 교수자가 그 학생에게 물었다. "SY! 네 치아 아픈 거 좀 어때?" 그 학생은 잠시 자신의 턱에 손을 갖다 대더니, 고개를 갸우뚱하면서 "어! 어디로 갔는지 없어졌습니다!"라고 답하였다. 이 학생은 치통으로 약국에서 약을 사먹은 것도 아니고, 치과에 가서 치료를 받은 것도 아니었다. 자신의 움직임을 통하여, 즉 체득과정을 통하여 스스로를 치유하게 된 것이다.

　오늘 나의 몸 상태는 어떠한가? 라는 질문을 자신에게 던지면서 자신의 몸에 주의를 집중하게 된 것이 자기 치유의 시작이 된 것이다. 그러면서, 왜 아플까? 라는 질문으로 시작하면서 자신의 경험을 뒤돌아보고, 학습 과정이 끝난 후 자신의 몸이 좋아지길 기대하면서, 스스로 자신의 움직임을 허락한다. 이렇게 반복되는 체득과정 속에서 스스로를 치유해 나가게 되는 것이다. 그렇기 때문에, 학습자는 소매틱 발레 수업을 함으로써 몸이 자꾸 고장이 나서 아픈 것이 아니라 스스로를 치유해가면서 점점 건강한 몸을 만들어가게 되는 것이다. 이 또한 소매틱 발레의 학습과정 중에서 얻을 수 있는 또 다른 중요한 혜택이지 않을까? 생각하며, 발레로 '양생(養生)'할 수 있으리라 확신한다.

참고문헌

김기현. (2014). **선비의 수양학**. 서울: 서해문집.

김용옥. (1990). **태권도 철학의 구성원리**. 서울: 통나무.

김홍경. (2003). **노자**. 서울: 들녘.

이종찬. (2008). **명심보감**. 서울: 새문사.

이황. (2006). **활인심방**. 이윤희(역). 서울: 예문서원.

전국한의과대학예방의학교실. (2016). **養生學(韓方豫防醫學)**(제3판). 서울: 계축문화사.

한국사전연구편집부. (1996). **간호학대사전**. 서울: 한국사전연구사.

허경무. (2014). **국선도 강해**. 서울: 밝문화미디어.

Autere, A. (2013). *The Feeling Balletbody*. Pittsburgh, PA: Dorrance Publishing Co., Inc.

Cohen, B. B. (2012). *Sensing, Feeling, and Action*(3rd ed.). Toronto, ON: Contact Editions.

Cohen, M. (2018, March 12). John Dewey and Frederick Matthias Alexander. Alexander Technique. Retrieved from https://www.alexandertechnique.com

Dragon, D. (2015). Creating Cultures of Teaching and Learning Conveying Dance and Somatic Education Pedagogy. *Journal of Dance Education*, 15, 25–32.

Eddy, M. (2004). Somatic Awareness and Dance. *Dynamic Embodiment Curricular Papers*. New York, Unpublished.

_____. (2016). *Mindful Movement: The Evolution of the Somatic Arts and Conscious Action*. UK: Intellect Ltd.

Grace of Sense. (2021, January 21). Simple Practices. Retrieved from https://www.graceofsense.com

ISMETA. (2021, December 21). About ISMETA: Growing the Field of Somatic Movement Education and Therapy. Retrieved from https://ismeta.org

Noguchi, H. (1984). *Order, Spontaneity, and the Body*. Tokyo: Zensei Publishing Company.

_____. (1986). *Cold and Their Benefits*. Tokyo: Zensei Publishing Company.

_____. (2018, July 1). *Some Remarks on Combinations of Taiheki*(Bodily Tendency). 月刊全生, 1–2.

Zaporah, R. (2018, March 12). What is Action Theater?. Action Theater. Retrieved from http://www.actiontheater.com

부록

Somatic Ballet®

- Mission Statement / Value / Principles

- Logo

- Programs

- Subject Areas for Certified Teacher / Assessment

- Certified Teachers

- Application for Certified Somatic Ballet® Teacher

- Class Participation Agreement (수업 참여 동의서)

- Guidelines (가이드라인)

Mission Statement

We endeavor to improve the performance skills of all ballet dancers through somatic movement education.

소매틱 발레 연구회는 소매틱 움직임 교육을 통해 발레 무용수의 수행능력을 증진시키고자 합니다.

Value

We value the process of creating healthy and happy lives of all ballet dancers.

소매틱 발레 연구회는 발레 무용수의 건강하고 행복한 삶을 창조해 나가는 과정을 소중하게 생각합니다.

Principles

"BRACED"as an acronym stands for Breathe, Relax, Align, Connect, Expect, and Dance.

소매틱 발레의 움직임 원리는 "다치지 않도록 고안된" 원리로, 호흡을 잘하여 (Breathe), 몸과 마음의 긴장을 풀고(Relax), 신체를 정렬하여(Align), 신체의 각 부분은 물론, 몸과 마음을 연결시켜(Connect), 자신이 이루고자 하는 바를 기대하며 (Expect), 춤을 추자(Dance)입니다.

Logo

The logo was designed to represent the dynamic alignment of a ballet dancer in three—dimensional process of continuous fluctuation between Stability and Mobility to maintain balance.

The color "pink", a symbol of a spiritual marriage between the body and mind, signifies good health.

The möbius strip, a symbol for infinity, surrounding a dancer embodies the values to understand the Mother Nature's Law in the one, long, continuous side.

본 로고는 안정성과 기동성 간의 끊임없는 파동의 3차원적 과정 안에서 균형을 유지하고자 하는 발레 무용수의 역동적인 몸의 정렬을 의미합니다.

핑크 색깔은 몸과 마음의 영적인 결합을 상징하며, 질병이 없는 건강한 상태를 의미합니다.

뫼비우스의 띠는 한계가 없는 무한함을 상징하며, 무용수 주변을 둘러싸고 있는 뫼비우스의 띠는 안과 밖을 구별할 수 없는 연속적인 자연의 법칙에 순응하고자 함을 의미합니다.

Programs

Ⅰ. Somatic Ballet® Class

Ⅱ. Somatic Ballet® Certified Teacher Training Program

Subject Areas for Certified Teacher

Ⅰ. Labanotation(Kinetography Laban): 30 hrs

Ⅱ. Laban Movement Analysis/Bartenieff Fundamentals: 30 hrs

Ⅲ. Applied Body Systems: 45 hrs

Ⅳ. Pedagogy Workshops: 45 hrs

Assessment

Ⅰ. Submission of － Application

－ Proof of successful completion

－ Lesson plan

Ⅱ. Teaching Practicum

Certified Teachers

1기

김윤수
Yoonsoo Kim

성균관대학교 초빙교수
Visiting Professor, Sungkyunkwan University

서고은
Koeun Seo

성균관대학교 겸임교수
Adjunct Professor, Sungkyunkwan University

정옥희
Okhee Jeong

중앙대학교 강사
Lecturer, Chung-Ang University

2기

김윤선
Yoonseon Kim

성균관대학교 겸임교수
Adjunct Professor, Sungkyunkwan University

이영주
Youngjoo Lee

성균관대학교 초빙교수
Visiting Professor, Sungkyunkwan University

3기

김수혜
Suhye Kim

성균관대학교 강사
Lecturer, Sungkyunkwan University

4기

김세용
Seyong Kim

웨스턴 미시건 대학교 교수
Professor, Western Michigan University

김유미
Yoomi Kim

마인드 앤 바디 필라테스 대표
Director, 'Mind & Body Pilates' in New York

5기

김채원
Chaewon Kim

충북예술고등학교 강사
Lecturer, Chungbuk Arts High School

장수진
Sujin Chang

성균관대학교 겸임교수
Adjunct Professor, Sungkyunkwan University

임수민 Sumin Lim	성균관대학교 일반대학원 석박사통합과정 Combined Master–Ph.D. Course, Sungkyunkwan University
유진영 Jinyoung Yoo	유앤유 발레 아카데미 대표 Director, You & Yoo Ballet Academy

6기

마리아나 헤레라 Mariana A. Herrera	코스타리카 국립대학교 교수 Professor, Escuela de Danza, Universidad Nacional de Costa Rica

7기

유영서 Yeongseo Yu	성균관대학교 일반대학원 석사과정 Master Course, Sungkyunkwan University
정지형 Jihyung Jeong	성균관대학교 일반대학원 석사과정 Master Course, Sungkyunkwan University
황수하 Sooha Hwang	성균관대학교 일반대학원 석사과정 Master Course, Sungkyunkwan University

Application for Certified Somatic Ballet® Teacher

1. Information of Applicant

Name		
Address	Home	
	E−mail	
Phone (Mobile)		

2. What motivates you to teach Somatic Ballet®?

3. Have you satisfactorily met all the subject areas to become a Certified Somatic Ballet® Teacher? (Please submit a proof of successful completion.)

4. Would you like to share any experiences in studying and teaching Somatic Ballet®?

5. What did you learn from how the Somatic Ballet® class was taught?

6. Questions you still have?

Class Participation Agreement

Name   Student ID No.

Title of Class   Name of Instructor

Please note that this is a ballet class which constitutes part of the core curriculum of the Dance Department. In order to ensure effective operation of the class and to safeguard both students and instructors, the following statements have been put in place:

The purpose of the class is to develop the ability to recognize and to self−correct alignment and movements in accordance with anatomical principles.

The instructor will use verbal, tactile, visual, and imagery cues in order to facilitate students' internal body−awareness.

All learning activities will be held in studios and/or performance areas, and the optimal corrections will be made, both for individuals and the group as a whole.

If the students feel any psychological/emotional, or physical discomfort during the class, they are encouraged to voice their concerns to the instructor or to any other members of staff (by phone, email etc.).

The instructor will receive students' feedback and suggestions immediately and resolve the concerns openly, the students' voice of the discomfort will bring no negative consequences to them.

I understand and agree to the above statements.

Date

Signature

수업 참여 동의서

이름   학번

과목명   교수명

    본 수업은 발레 실기를 주 내용으로 하는 무용학과의 전공과목입니다.

    원활하고 효과적인 수업 진행을 위하여 다음과 같이 본 수업의 특성과 진행방식에 대하여 공지합니다.

    본 수업의 목적은 몸의 정렬과 움직임을 스스로 인지하고 교정하여 신체 원리에 맞는 발레 테크닉을 구사하고자 함이다.

    교수자는 구두적, 촉각적, 시각적/심상적 큐(cue)를 활용하여 학습자의 내적인 신체 인식 과정을 돕는다.

    모든 학습 과정은 스튜디오 전반에서 이루어지며, 학습자 전체 및 각 개인을 위한 적합한 교정이 다양하게 이루어진다.

    학습지도과정에서 심리적/정신적, 혹은 신체적 불편을 느낄 경우 학습자는 언제든지 이메일이나 문자 등 다양한 경로를 통해 교수자에게 직접 건의할 수 있다.

    교수자는 학습자의 피드백과 건의사항을 즉각 받아들여 공개적으로 해결하며, 건의된 학생들의 불편함은 어떠한 부정적 결과를 초래하지 않는다.

    본인은 위 내용을 이해하고, 이에 동의합니다.

                                    날짜

                                    서명

Guidelines

DOs 👍	DON'Ts 👎
• Do optimal breathing. • Release unnecessary tension. • Find your plumb line. (ideal alignment) • Push the floor away.* (feel grounded) • Find your lumbar curve and cervical curve. • Pull apart the sitting bones in plié.* • Do lateral shift first before you transfer your weight. • Walk by psoas muscles. • Jump with the spine.* • Dynamic(Active) stretch before class. • Static(Passive) stretch after class. • Enjoy 'Dancing'.	• Copy your teacher.* • Compete with others. • See only your feet.* • Grip your buttock muscles. • Try East－West(180°) turn－out.* • Turn－out in frog position.* • Force & Bounce when you stretch. • Push the heels even more forward in plié.* • Twist your pelvis when you do arabesque. • Die Hard!

Erroneous Verbal Cues
• Hold your breath. • Tighten your buttocks.* • Tuck under. • Hold your tummy in.* • Push your heels forward.* • Turn－out your feet. • Turn－out your knees. • Put your leg straight to the side.* • Put your arms straight to the side.* • Pull－up* • Ribs in, chin up.* • Try to make your spine straight vertical line. • Pull down your shoulders.**

*Autere, A. (2013). *The Feeling Balletbody*. Pittsburgh, PA: Dorrance Publishing Co., Inc., pp. 7－15.

*Kim, K. (2016). Somatic Perspectives on Ballet Pedagogy. *Dance Research Journal of Korea*, 74(5), 17－31.

*Kim, K. (2017). A Study of Principles for Somatic Movement Education/Therapy. *Dance Research Journal of Korea*, 75(1), 21－36.

**Grieg, V. (1994). *Inside Ballet Technique*. Princeton Book Co. Publishers, p. 75.

가이드라인

하십시오 👍	하지 마십시오 👎
• 자신에게 맞는 최적의 호흡을 하십시오. • 불필요한 긴장을 푸십시오. • 자신의 plumb-line을 찾으십시오. • 발바닥으로 지면을 지긋이 누르며, 자신이 지면 위에 있음을 온전히 느끼십시오. • 자신의 경추커브와 요추커브를 확인하십시오. • 플리에를 할 때에, 사진의 Sitz Bones가 양옆으로 벌어지도록 하십시오. • 5번이나, 1번에서 한 발로 무게중심을 옮길 때에는 반드시 지지하는 발 쪽으로, 즉 옆으로 먼저 무게중심을 옮긴 후, 다음 동작을 실행하십시오. • 보행 시 장요근(psoas muscles)을 먼저 생각하십시오. • 점프 시, 척추를 공중으로(위로) 띄운다고 생각하십시오. • 수업 전에는 동적 스트레치를 수업 후에는 정적 스트레치를 하십시오. • 행복한 마음으로 춤을 즐기십시오!	• 선생님을 따라 하려고(모방) 하지 마십시오. • 다른 사람과 경쟁하려고 하지 마십시오. • 자신의 발만을 응시하지 마십시오. • 엉덩이 근육을 쪼이지 마십시오. • 180° turn-out은 **절대** 하지 마십시오. • 수업 전, 개구리 자세로 스트레치 하지 마십시오.(turn-out과는 아무 상관이 없습니다!) • 스트레치를 할 때에 무리하게 힘을 주면서 bounce를 하지 마십시오. • 플리에를 할 때에, 뒤꿈치를 앞으로 밀지(보내지) 마십시오. • arabesque를 할 때에 골반을 바깥으로 뒤집지 마십시오. • 죽도록 하지 마십시오!

잘못된 지시어	
• 숨 참어! • 엉덩이를 집어넣고! • 뒤꿈치 앞으로! • 무릎 턴 아웃! • 팔을 완전 옆으로! • 갈비뼈 집어넣고, 턱은 들고!	• 엉덩이를 쪼이고! • 똥배(배) 집어넣고! • 발바닥 턴 아웃! • 다리를 완전 옆으로! • 풀−업! • 척추를 수직으로 일자로! • 어깨 내리고!**

* Autere, A. (2013). *The Feeling Balletbody*. Pittsburgh, PA: Dorrance Publishing Co., Inc., pp. 7−15.

* 김경희. (2016). 소매틱 관점에서의 발레 교수법 연구. **대한무용학회 논문집**, 74(5), 17−31.

* 김경희. (2017). 소매틱 움직임 교육/치료를 위한 기본 원리 연구. **대한무용학회 논문집**, 75(1), 21−36.

** Grieg, V. (1994). *Inside Ballet Technique*. Princeton Book Co. Publishers, p. 75.

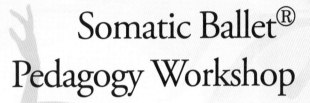

Somatic Ballet®
Pedagogy Workshop

(40회 ~ 55회)

taught by:

KyungHee Kim (Ph.D., CMA, RSDE)
Na-ye Kim (Prof. of Dance at SungKyunKwan Univ.) (제 42회)
Yoonseon Kim (Ph.D., CSBT) (제 49회)

제 40회 SOMATIC BALLET® PEDAGOGY WORKSHOP

Date: February 3 (Wed.), 2021

Place: Seminar Room (#62603), Sungkyunkwan University

Theme: Sustainable Somatic Ballet Teaching Strategy for the Post Corona Era

Goal: To create healthy Body & Mind

Objective: To notice what's happening in our bodies

Contents:

    — "Slow, Small, Simple, & Smooth"

    — "Whole—Part—Whole"

    — What to pay attention

    — Why it matters

    — How you move

    — Share your experience

Guideline: To Feel "Flow" of your movement

Share your experience

제 41회 SOMATIC BALLET® PEDAGOGY WORKSHOP

Date(Recorded): March 30 (Tues.), 2021

Place: Studio 2(#62202), SungKyunKwan University

Theme: Safe & Efficient way to do "Plié"

Goal: To prevent hip injury (Avascular Necrosis of Femoral Head)

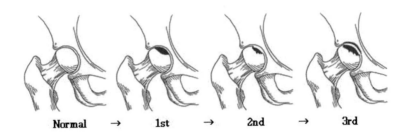

Contents:

    1. Thoracic Diaphragm vs Pelvic Diaphragm

    2. Hip Flexion

Guidelines:

    1. Breathe in (Inhale)

    2. Flex Hip joints

    3. Widen Sitz bones (Pull apart the Sitz bones)

    4. Release Tail bone to go back (just a little bit!)

    5. Create Counter Balancing between the pelvis(in) and Femur(out)

Don'ts:

    1. Tuck under

    2. Force to over-stretched

How to Plié

제 42회 SOMATIC BALLET® PEDAGOGY WORKSHOP

Date: July 5 (Mon.), 2021, 10:00 AM~ 12:00 PM

Place: Studio 1(#62201), SungKyunKwan University

Theme: Who is Enrico Cecchetti (1850-1928)

Goal: Deeper understanding of the differences between Cecchetti Method and other classical ballet through the embodiment

Contents:

1. 5 Positions of the Feet

2. Positions of the Arms

3. 5 Arabesques

4. 8 Directions of the Body

5. 7 Movements in Dancing

6. 8 Imaginary Fixed Points

7. Exercises on Port de Bras (Ex. Ⅰ-Ⅷ)

1. 5 Positions of the Feet

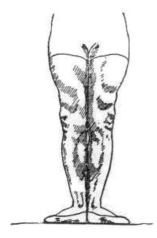
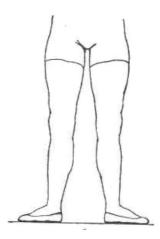
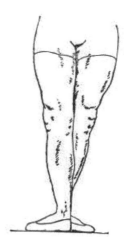

First Position of the feet   Second Position of the feet   Third Position of the feet

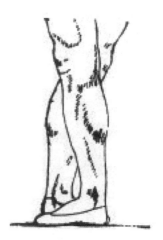

Fourth Position of the feet   Fifth Position of the feet   Defective fifth Position
of the feet

2. Positions of the Arms

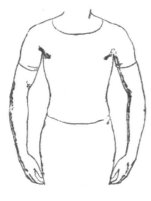
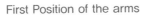

First Position of the arms

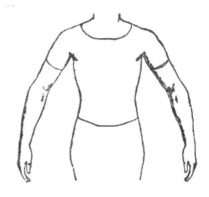

Demi—seconde Position of the arms

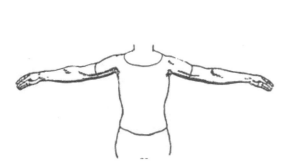

Second Position of the arms

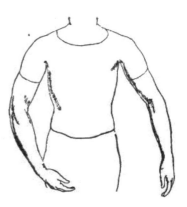

Third Position of the arms
(right arm across body)

Fourth Position en avant of the arms
(right arm across body)

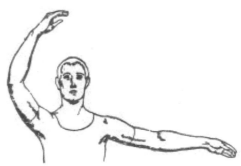

Fourth Position en haut of the arms
(right arm above the head)

en attitude

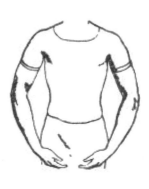

Fifth Position en bas of the arms

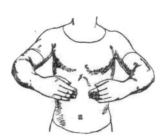

Fifth Position
en avant of the arms

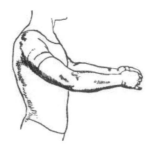

Fifth Position
en avant of the arms
(side view)

Fifth Position
en haut of the arms

3. 5 Arabesques

First Arabesque

Second Arabesque

Third Arabesque

Fourth Arabesque

Fifth Arabesque

4. 8 Directions of the Body

encroisé en avant

à la quatrième en avant

ecarté

effacé

à la seconde

epaulé

à la quatrième en arrière

encroisé en arrière

5. 7 Movements in Dancing

Plier (to bend)

Etendre (to stretch)

Relever (to raise)

Glisser (to slide)

Sauter (to jump)

Elancer (to dart)

Tourner (to turn round)

6. 8 Imaginary Fixed Points

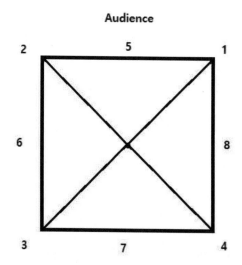

7. Exercises on Port de Bras (Ex. I-VIII)*

See https://www.youtube.com/watch?v=vYcUmGr8T_8

(QR코드를 통해 확인할 수 있습니다.)

Note:

1. Natural turn-out based on a natural range of motion. (Not to force the turn-out of their feet!)
2. Never use a mirror in order to ascertain your appearance. (p. 35)**
3. Take heed and avoid the use of mirrors. (p. 36)**
4. Do not look at your feet during the execution of a movement. (p. 36)**

Reference:

* Somatic Ballet. (2022, November 3). Somatic Ballet Studies – Méthode Cecchetti Exercises on Port de bras. Youtube. https://www.youtube.com/watch?v=vYcUmGr8T_8

**Beaumont, W. C., & Idzikowski, S. (1975). A Manual of the Theory & Practice of Classical Theatrical Dancing(Méthode Cecchetti). New York, NY: Dover Publications, Inc.

제 43회 SOMATIC BALLET® PEDAGOGY WORKSHOP

Recorded: August 30 (Mon.), 2021

Place: SungKyunKwan University

Theme: History of Somatic Movement Education (1st Generation)

Goal: To understand how the founders of somatic education develop their systems

Contents:

— What is 'Soma'?

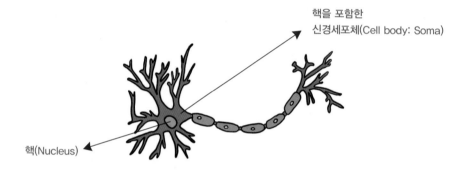

— 8 Founders

① Frederick Matthias Alexander ⑤ Mabel Elsworth Todd

② Irmgard Bartenieff ⑥ Charlotte Selver

③ Gerda Alexander ⑦ Ida Rolf

④ Moshe Feldenkrais ⑧ Milton Trager

Reference:

Eddy, M. (2017). Mindful Movement: The Evolution of the Somatic Arts and Conscious Action. Chicago, IL: Intellect, pp. 21–36.

제 44회 SOMATIC BALLET® PEDAGOGY WORKSHOP

Recorded: September 6 (Mon.), 2021

Place: SungKyunKwan University

Theme: History of Somatic Movement Education (2nd Generation)

Goal: To understand how the founders of somatic education develop their systems

Contents:

※ Set One : The Influence of Dance on Somatic Education

- Martha Myers

- Anna Halprin

- Elaine Summers

- Judith Aston

※ Set Two : Dynamic Approaches to Well-Being in Dance and Fitness

- Sondra Fraleigh

- Bonnie Bainbridge Cohen

- Emilie Conrad

- Nancy Topf

- Joan Skinner

Reference:

Eddy, M. (2017). Mindful Movement: The Evolution of the Somatic Arts and Conscious Action. Chicago, IL: Intellect, pp. 37-62, & pp. 103-126.

제 45회 SOMATIC BALLET® PEDAGOGY WORKSHOP

Date: December 8 (Wed.), 2021, 10:30 AM ~ 12:30 PM

Place: Studio 1(#62201), SungKyunKwan University

Theme: "Normal" Range of Motion (ROM)

Goal: To Prevent "Ballet Injury"

Contents:

1. Hip Joint(고관절)에서의 정상 가동 범위

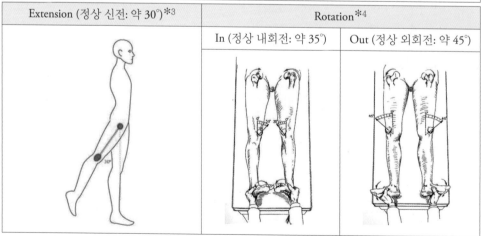

Flexion		
무릎을 구부린 상태 (정상 굴곡: 약 125°)*1	무릎을 완전히 편 상태 (정상 굴곡: 약 81°)*2	
Extension (정상 신전: 약 30°)*3	Rotation*4	
	In (정상 내회전: 약 35°)	Out (정상 외회전: 약 45°)

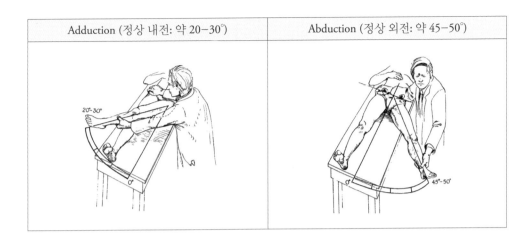

Adduction (정상 내전: 약 20-30°)	Abduction (정상 외전: 약 45-50°)

2. Ankle Joint(발목 관절)에서의 정상 가동 범위[4]

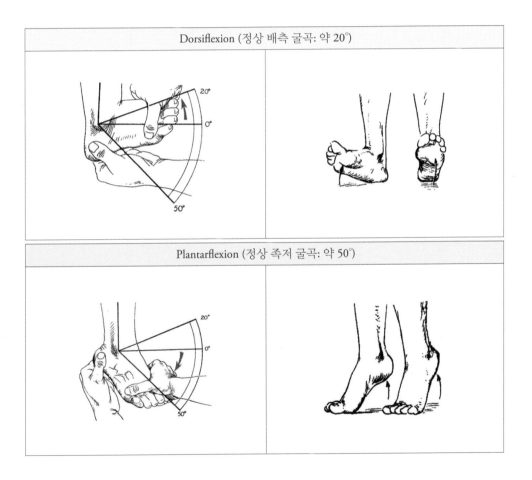

Dorsiflexion (정상 배측 굴곡: 약 20°)

Plantarflexion (정상 족저 굴곡: 약 50°)

Adduction (In)	Abduction (Out)
(정상 내전: 약 20°)	(정상 외전: 약 10°)
Inversion (정상 내반: 약 5°)	Eversion (정상 외반: 약 5°)

3. Knee Joint(무릎 관절)에서의 정상 가동 범위

• Flexion (정상 굴곡: 약 135°)*5

• Extension (무릎에서의 신전은 ⟋절대 일어나지 않는다: 0°)

Rotation (무릎을 구부린 상태에서만 가능)[4]	
In (정상 내회전: 약 10°)	Out (정상 외회전: 약 10°)
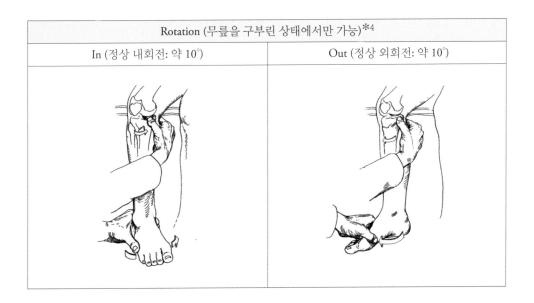	

4. Exercises for Strengthening the related muscles of Agonist, Antagonist, & Synergist (Fitness for Ballet)

Reference:

[1]. Danny, M. (2021, June 21). How To Dramatically Improve Your Squat. Athletes' Potential. https://www.athletespotential.com/athletes-potential-blog/archives/06-2016

[2]. Nolan, L. (2016, October 1). How to deal with constantly tight hamstrings. YogiDoc. http://www.nolanlee.com/blog/how-do-you-loosen-tight-hamstrings

[3]. Becky, H. (2016, February 19). Running Series #7. bhinesinmotion. https://bhinesinmotion.com/2016/02/19/running-series-7/

[4]. Hoppenfeld, S. (1999). **척추와 사지의 검진** (영문사편집부, 역). 서울: 영문출판사. (1976).

[5]. 정진우. (2012). **그림으로 보는 근골격 해부학.** 대학서림: 서울.

제 46회 SOMATIC BALLET® PEDAGOGY WORKSHOP

Date: February 10 (Thurs.), 2022, 09:00 AM ~ 10:30 AM

Place: on Zoom

Theme: 발레리나 "발(Feet)"에 대한 올바른 이해

    — Foot, Ankle, & Toes Anatomy for Ballet Dancers

Goal: To avoid any problems on your feet

Contents:

1. Normal Achilles Tendons

        Normal   Deviation(Foot Pronated)

발레 무용수들에게서 흔히 관찰되는 변형된 아킬레스 건

2. a. Hallux Valgus Angle (15° 미만)

   b. Intermetatarsal Angle (10° 미만)

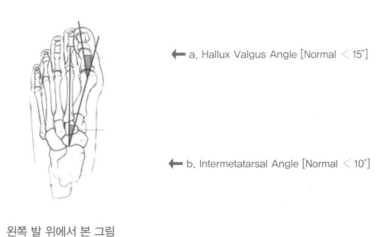

← a. Hallux Valgus Angle [Normal < 15˚]

← b. Intermetatarsal Angle [Normal < 10˚]

왼쪽 발 위에서 본 그림

3. Muscles for Pointing Feet (Plantar Flexion)

   a. with four toes (두번째~다섯번째)

   • Flexor Digitorum Brevis

   • Flexor Digitorum Longus

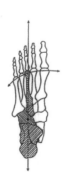

Sole of Right Foot[*1]

오른쪽 발바닥에서 본 그림

Flexor Digitorum Brevis

오른쪽 발바닥에서 본 그림

Flexor Digitorum Longus

오른쪽 다리 뒷면에서 본 그림

b. with a big toe (첫번째 발가락)

- Flexor Hallucis Brevis

- Flexor Hallucis Longus (FHL)[2]

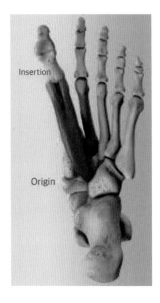

Flexor Hallucis Brevis

왼쪽 발바닥에서 본 사진

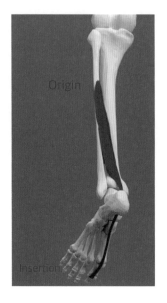

Flexor Hallucis Longus

왼쪽 다리 뒷면에서 본 사진

Note:

- Follow with the Human Anatomy
- FHL tendinitis occurs commonly in Ballet Dancers, gymnasts, and runners, due to their excessive use of toe flexion.

Reference:

*1. Dowd. I. (1996). *Taking Root to Fly: Articles on Functional Anatomy*. New York, NY: G & H SOHO. Inc. p. 33.

*2. https://en.wikipedia.org/wiki/Flexor_hallucis_longus_muscle

제 47회 SOMATIC BALLET® PEDAGOGY WORKSHOP

Participation in Zoom Presentation by Annemari Autere,

the Author of 「The Feeling Balletbody」

Date: March. 27 (Sun.), 2022, 07:00 AM ~ 9:10 AM

Theme: Ballet Body Logic (BBL)

Goal: To understand the Key to Effortless Technique and Mastery of Art Form

Contents:

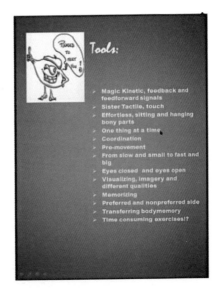

Concepts
> Basic movement patterns
> Isolated movement patterns
> From space in the joints to eternal lines of energy
> Weight transfer-anticipating and opposition
> Spirals
> Muscular chains
> Happy and unhappy muscular chains
> Parallel, turnin, turnout, positions, or expressions?
> Pushing-off gravity and ballet-verticality
> Letting balancing take care of itself
> Ballerina balancing
> Automatic movement patterns, bodymemory
> Mother Nature and her playfulness

Tools
> Magic Kinetic, feedback and feedforward signals
> Sister Tactile, touch
> Effortless, sitting and hanging bony parts
> One thing at a time
> Coordination
> Pre-movement
> From slow and small to fast and big
> Eyes closed and eyes open
> Visualizing, Imagery, and different qualities
> Memorizing
> Preferred and nonpreferred side
> Transferring bodymemory
> Time consuming exercises!?

제 48회 SOMATIC BALLET® PEDAGOGY WORKSHOP

Date: April 26 (Tues.), 2022, 10:00 ~ 11:30 AM

Place: Studio 1(#62201), SungKyunKwan University

Theme: Pointing your feet(Plantar Flexion for the Point-work)

Goals: 1. To create support for the arches of the feet

2. To help keep the ankle stable when rising onto the toes

Contents:

1. Flexor Digitorum Brevis & Flexor Hallucis Brevis

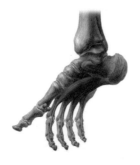
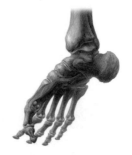

Flexor Digitorum Brevis   Flexor Hallucis Brevis

오른쪽 발바닥에서 본 사진[*1]

2. Tibialis posterior, & Fibularis longus, & Fibularis tertius

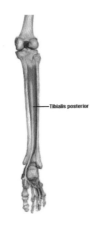

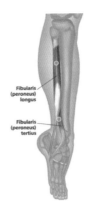

Tibialis posterior

Fibularis longus, Fibularis tertius

오른쪽 다리 뒷면에서 본 사진^{*2}

오른쪽 다리 옆면에서 본 사진^{*3}

3.

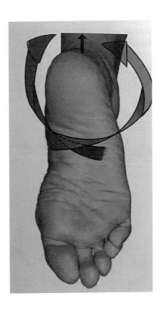

오른쪽 발바닥에서 본 사진^{*4}

Note:

1. Crooked(mis—aligned) posture & movement patterns

    ↓

    Pains

    ↓

    Injuries

    ↓

    Unhappy End

2. Do Not cheat an arabesque line by sickling your foot(pronation).

    Do it Correctly! (아라베스크 할 때, 발목에서 'fish-tail'하면 안 됩니다!)

3. Be Honest to your Body! (정직하게!)

Reference:

*1. Gordana Sendić. (2022). Flexor hallucis brevis muscle. Retrieved 2022, February 2 from https://www.kenhub.com/en/library/anatomy/flexor—hallucis—brevis—muscle

*2. Michael Richardson. (2021). Muscle Atlas — Tibialis Posterior. Retrieved 2022, February 2 from https://rad.washington.edu/muscle—atlas/tibialis—posterior/

*3. Jane Ziegler. (2021). Trigger Point Therapy — Fibularis/Peroneus. Retrieved 2022, February 2 from https://nielasher.com/blogs/video—blog/trigger—point—therapy—fibularis—peroneus—longus—brevis—tertius

*4. Autere, A. (2013). *The Feeling Balletbody*. Pittsburgh, PA: Dorrance Publishing Co., Inc., p. 224.

제 49회 SOMATIC BALLET® PEDAGOGY WORKSHOP

taught by Yoonseon Kim (Ph.D., CSBT)

Date: May 1 (Sun.), 2022, 9:00 ～ 10:00 AM

Place: Studio 1(#62201), SungKyunKwan University

Theme: "오행음성춤(Five Elements Voice Dance)"

　　　－ Unique Dance Workshop exploring the connection between

　　　　"Kishinbeop(Kouksundo)"[*1] and "Yukjagigyeol(Hwalinsimbang)"[*2]

Goal: 춤으로 양생(養生)하다. "Cultivation through Dancing"

Purpose: To activate the functions of the Organs[*2]

---

*1. 기신법(氣身法)은 국선도에서 오장육부를 튼튼하게 해주는 '내기전신행법(內氣全身行法)'을 줄여서
　　 일컫는 말이다.
*2. 육자기결(六字氣訣)은 활인심방(活人心方)에서 몸의 각 장부를 강화시키기 위해 여섯 종류 글자의
　　 소리를 내어 치료하는 수련법이다.

Contents:

오행 (5 Elements)	장부 (Organ)		음성 (Voice)	글자 (Letter)
	음(陰: Yin)	양(陽: Yang)		
목 (木: Wood)	간장 (肝臟: Liver)	담 (膽: Gall Bladder)	[휴-] /Hyu-/	噓
화 (火: Fire)	심장 (心臟: Heart)	소장 (小腸: Small Intestine)	[훠-] /Hwooə-/	呵
토 (土: Earth)	비장 (脾臟: Spleen)	위장 (胃臟: Stomach)	[후-] /Hu-/	呼
금 (金: Metal)	폐장 (肺臟: Lung)	대장 (大腸: Large Intestine)	[스-] /θ-/	呬
수 (水: Water)	신장 (腎臟: Kidney)	방광 (膀胱: Urinary Bladder)	[취-] /Chui-/	吹

※ '오행음성춤' 프로그램은 다음 QR코드를 통해 영상으로 확인할 수 있습니다.

오행음성춤

제 50회 SOMATIC BALLET® PEDAGOGY WORKSHOP

Date: May 1 (Sun.), 2022, 10:00 AM~ 12:00 PM

Place: Studio 1(#62201), SungKyunKwan University

Theme: When do I put my point shoes on? (언제 토슈즈 신어요?)

Goal: To prevent 'ballet injuries' from early point work

Contents:

1. Normal mean angle of femoral neck-shaft according to age

(검은 색칠 부위는 연골 부위)

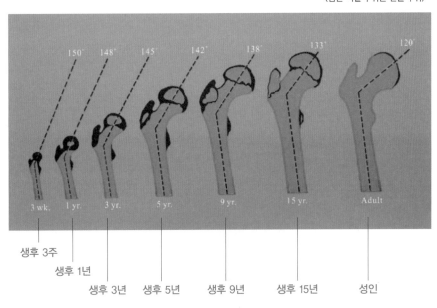

고관절 발달과정[1]

2. Ligaments around the ankle joint

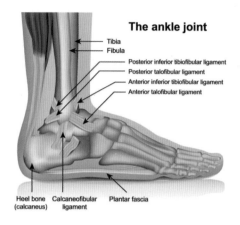

발목 관절 주변의 인대들*2

3. "Sesamoid" bones under the big toe

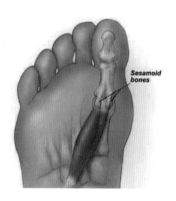

엄지발가락 밑의 Sesamoid bones*3

"엄지발가락 밑에 있는 작은 종자골(種子骨;sesamoid bones)들은 늦게까지 완전히 성숙하지 않아서 아이가 10대 후반을 지나서야 딱딱하게 굳는다. 이러한 이유에서도 아이들에게 너무 일찍 Point work를 시키면 안 된다는 것이다."

  – Como, W. (1981). **舞踊人을 위한 解剖學** (육완순, 임미자, 역). 서울: 고문사.

     (1966), p. 52.

"The small sesamoid bones beneath the big toe are not full grown and do not become hard until a child is in his late teens. This is one reason for discouraging children from starting point work at too early an age."

(Como, W. (1966). Raoul Gelabert's Anatomy for the Dancer: With Exercises to Improve Technique and Prevent Injuries. New York, NY: Danad Publishing Company. Vol. 1, p. 52.)

Note:
- Please! Do "Not" start point work at too early an age.
- Please! Wait until the cartilage of femoral neck−shaft, the ligaments around the ankle joint, and the sesamoid bones under the big toe can adapt the "hard" ballet technique training.

너무 어린 무용수에게 'Point work'를 시키지 마십시오!
고관절 연골, 발목주변의 인대들, 그리고 엄지발가락 밑의 'sesamoid' 뼈가 튼튼해질 때까지 조금만 기다려 주십시오!
★ 개인 차가 있을 수 있으나, 몇 년간 적절한 운동을 충분히 시킨 후에, 약 10세(초등학교 4학년) 정도에 point work 시키시기를 권장합니다!
   − Como, W. (1981). 舞踊人을 위한 解剖學 (육완순, 임미자, 역). 서울: 고문사. (1966), p. 52.

Reference:
*1. https://www.researchgate.net/figure/Normal−mean−angle−of−femoral−neck−shaft−according−to−age−20_fig1_275997946
*2. https://peninsulapod.com/ankle−sprain/
*3. https://pivotalmotion.physio/sesamoiditis/

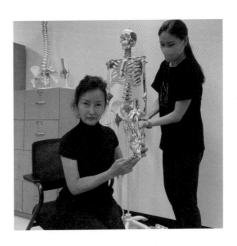

제 51회 SOMATIC BALLET® PEDAGOGY WORKSHOP

Date: May 24 (Tues.), 2022, 9:00 AM ~ 12:00 PM

Place: Studio 1(#62201), SungKyunKwan University

Theme: 1. Flexibility vs Mobility (유연성 vs 가동성)

2. Stretching vs Strengthening (근육 이완 vs 근육 강화)

Goal: 1. To understand the difference between Flexibility and Mobility

2. To understand the difference between Stretching and Strengthening

Contents:

1. Flexibility

: "the ability of a muscle or muscle groups to lengthen 'passively' through a range of motion"[1]

2. Mobility

: "the ability of a joint to move 'actively' through a range of motion"[1]

3. Benefits of Mobility

➡ Reduce injury risk

➡ Maintain aligned posture

➡ Improve the Flexibility

4. Dynamic Mobility Exercises

5. Dynamic Stretching Exercises

Note:

- Unfortunately, Ballet trends primarily focus on "impressive", luxuriously flexible looks, neglecting Mobility.
- "Most inside muscles stretch when we strengthen them."[2] (즉, 고무줄도 힘이 있어야 스트레치가 가능합니다!)
- 속근육을 강화시켜야 가동성은 물론, 유연성도 강화됩니다!(Strengthening not only static stretching.)

Reference:

[1]. Meg, W. (2020, July 9). Why You Don't Need to Be Gumby: Mobility vs. Flexibility. *healthline*. https://www.healthline.com

[2]. Autere, A. (2013). *The Feeling Balletbody*. Pittsburgh, PA: Dorrance Publishing Co., Inc., p. 174.

[3]. *How To Do the Middle Splits*. (n. d.). alomoves The Blog. Retrieved 2022, May 23 from https://blog.alomoves.com/movement/how−to−do−the−middle−splits?rq=Middle

[4]. Lara, B. (n. d.). *Why The Australian Ballet dancers quit stretching*. Dance Informa magazine. https://dancemagazine.com.au/2019/08/2019−australian−tap−dance−festival−shuffles−in−this−spring/

Flexibility[3]	Mobility[4]

제 52회 SOMATIC BALLET® PEDAGOGY WORKSHOP

Date: July 29 (Fri.), 2022

Place: Studio 1(#62201), SungKyunKwan University

Theme: Why & How to 5th Position

Goals: 1. Understanding Why 5th Position

• To reduce the movement of back & forth and side to side

(앞, 뒤, 전, 후의 움직임을 줄이기 위하여)

• To minimize the foothold of the body (발판을 최소화하기 위하여)

2. Understanding How to 5th Position

Contents:

1. Sensing the Mid-line & Plumb-line of the body

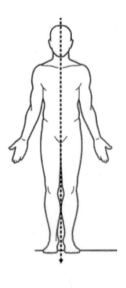

Mid-line[*1]

Plumb-line[*2]

2. Sensing the 'turn-out' in standing 1st Position

- in the hip joint: $45° \sim 60°$

- in the knee joint: $0°$ (서 있을 때에 무릎에서의 turn-out은 일어나지 않는다!)

- in the ankle joint : $10°$

∴ Approximately $110° \sim 140°$ turn−out in standing 1st Position.

(180° turn-out does Not exist!)

3. Sensing 'Adduction' in the hip joint

- 고관절에서 turn−out이 안 된 상태
  (ROM: $20°{\sim}30°$)[*3]
- 고관절에서 turn−ou이 된 상태
  (ROM: less than $20°$)
  (∵고관절에서 turn-out이 되면 대퇴골
  안쪽에 붙어 있는 adductors가
  바깥쪽으로 당겨지기 때문에
  'Adduction'이 방해를 받게 된다. 따라서,
  두 발이 완전히 겹쳐진 '5번 Position'은
  불가하다.)

Note:

1. Do Not force 'turn−out'.
2. No need to do a full−crossed 5th Position which does Not exist.
3. Students need to find out what is best for their own bodies.
4. Do a gentle 5th Position until students are able to activate their turn−out.

5th Position*4

결함이 있는(defective) 5th Position*4
(=잘못된 ⌃ 5th Position)
(불가능한)

Reference:

*1. *The analysis of movement*. (2016, June 24). Anesthesia Key. Retrieved May 28, 2022, from https://aneskey.com/the-analysis-of-movement/#bb0150

*2. *neutral alignment*. (2017, February 9). ANDERSONVILLE PHYSICAL THERAPY. Retrieved May 28, 2022, from https://andersonvillept.com/blog/find-whole-body-neutral/neutral-alignment-for-blog-post-57

*3. Hoppenfeld, S. (1999). 척추와 사지의 검진 (영문사편집부, 역). 서울: 영문출판사. (1976), p. 157.

*4. Beaumont, C. and Idzikowski, S. (1975). *A Manual of the Theory & Practice of Classical Theatrical Dancing(Méthode Cecchetti)*. New York, NY: Dover Publications, Inc., Plate Ⅱ.

제 53회 SOMATIC BALLET® PEDAGOGY WORKSHOP

Date: July 29 (Fri.), 2022

Place: Studio 1(#62201), SungKyunKwan University

Theme: 4 Motion Factors

Goal: To understand the 'inner impulses' to Move

Contents[*1]:

1. What: Weight

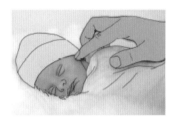

Light[라이트: 가벼운]
아기의 볼 터치

Strong[스트롱: 힘 있는]
도끼로 장작을 패는 모습

2. When: Time

Sustained[서스테인드: 시간을 질질 끄는]
오래된 친구와 마지막 작별인사

Quick(Sudden)[퀵(서든): 급작스러운]
뜨거운 밥솥에 손이 닿았을 때

3. Where: Space

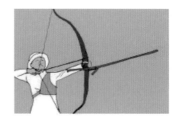

Indirect[인다이렉트: 산만한]
눈 내리는 하늘을 쳐다볼 때

Direct[다이렉트: 조준하는]
양궁

4. How: Flow

Free[프리: 거침없는]
100m 달리기 선수

Bound[바운드: 조심스러운]
설계도면을 그리고 있을 때

Note:
"Man's inner urge to movement has to be assimilated to the acquisition of external skill in movement."

−Rudolf Laban−[2]

"동작을 하기 위한 내적 충동은 외적인 움직임 기술 습득에 반드시 동화되어져야만 한다."

−루돌프 라반−

Reference:
*1. 김경희. (2021). **마음으로 하는 발레 공부**. 서울: 성균관대학교 출판부, pp. 133−143.
*2. Bartenieff, I., & Lewis, D. (2002). *Body Movement: Coping with the Environment*. New York, NY: Routledge, p. 49.

제 54회 SOMATIC BALLET® PEDAGOGY WORKSHOP

Date: August 28 (Sun.), 2022, 9:00 AM

Place: Studio 1(#62201), SungKyunKwan University

Theme: Dancing with the Arms

Goal: Somatic Embodiment of 'Port de Bras' to express our emotions

Contents:

1. Movements in the Shoulder Joint[1]

    ① Abduction: from en bas to en haut through à la seconde

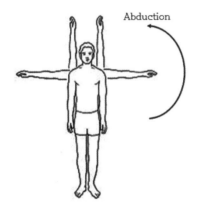

* Involved muscles

: serratus anterior, supraspinatus, deltoid,

coracobrachialis, & ⋯

    ② Flexion: from en bas to en haut through en avant

* Involved muscles

: serratus anterior, anterior deltoid, pectoralis

major, coracobrachialis, & ⋯

③ Adduction: from en haut to en bas through à la seconde

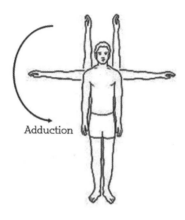

* Involved muscles

: latissimus dorsi, teres major, pectoralis major, coracobrachialis, triceps, & ⋯

④ Extension: arms to the back low

* Involved muscles

: latissimus dorsi, teres major and minor, deltoid(posterior), triceps, & ⋯

⑤ Horizontal Abduction

⑥ Horizontal Adduction

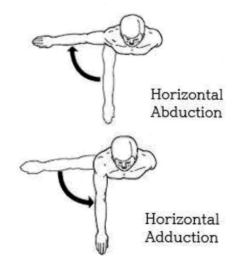

2. Stability and Mobility of the Scapular

① Where is the Scapular located?*²

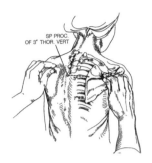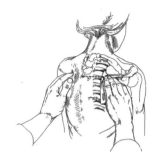

견갑골은 두 번째 늑골부터 일곱 번째 늑골위에 자리잡고 있으며, 견갑극은
세 번째 흉추 극돌기로부터 약 2~3 inch(5cm) 떨어진 반대편에 있다.

② Scapular 'X'*³

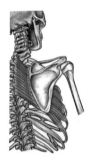

rhomboid(능형근)와 serratus anterior(전거근)에 의해 형성된 'X'의 한 축

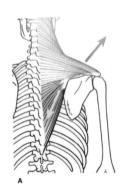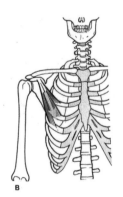

lower trapezius(승모근의 아래부분)와 pectoralis minor(소흉근)에 의해 형성된 'X'의 또 다른 한 축

Note:*2

1. 팔이 약 20°-30°(demi à la seconde) 외전할 때까지 견갑골은 움직이지 않는다.
2. 팔이 약 120°까지 올라가게 되면 'humerus surgical neck'가 'acromion'에 부딪히게 된다. 그렇기 때문에 팔을 약 90°정도 올렸을 때, 어깨 관절을 외회전하여야 팔을 180°까지 올릴 수 있게 된다.

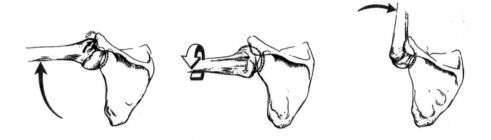

Reference:

*1. Aurelie, S. (2018, Dec). Mouvement d'abduction/adduction du bras. ResearchGate. https://www.researchgate.net/figure/Mouvement-dabduction-adduction-du-bras-27_fig2_333186142
    Brent, B. (n.d.). Subscapularis. BROOKBUSH INSTITUTE. https://brookbushinstitute.com/course/subscapularis
    James, H. (n.d.). shoulder muscles. chegg. https://www.chegg.com/flashcards/shoulder-muscles-origin-inser-inn-nerve-blood-sup-d12af123-4982-426d-8d6d-672de84ffb3f/deck
*2. Hoppenfeld, S. (1999). **척추와 사지의 검진** (영문사편집부, 역). 서울: 영문출판사. (1976). p. 10, & pp. 23-24.
*3. Myers, T. (2001). **근막경선 해부학(3판) 자세 분석 및 치료**(Cyriax 정형의학연구회 외, 역). 서울: 엘스비어코리아. (2014), pp. 208-209.

제 55회 SOMATIC BALLET® PEDAGOGY WORKSHOP

On-line (Recorded)

Theme: History of Somatic Movement Education(Third Generation – The Amalgams)

Goal: Understanding of Somatic Movement Education and Therapy Today:

A Growing Field

Contents:

- Gyrotonic

- Pilates Contrology

- NIA (Neuromuscular Integrative Aerobics)

- Dynamic Embodiment

- Franklin Method

- Global Somatics

- SomaSoul

- Somatic Expression

- Institute for Somatic Movement Studies (ISMS)

- Vocal Movement Integration (VMI)

- International Somatic Movement Education Therapy Association(ISMETA)

Reference:

Eddy, M. (2017). *Mindful Movement: The Evolution of the Somatic Arts and Conscious Action.* UK: Intellect Ltd, pp. 127–148.

학습일지 모음

Cecchetti vs Vaganova

김경희 (제 42회 참가자)

몇 년 전, 우리 무용학과에 컨템포러리 댄스를 담당할 새로운 교수가
부임하였다. 김나이 교수이다. 임용 서류 심사 시에, 어릴 때, 그러니까 컨템포러리
댄스로 전공을 바꾸기 전에, 영국 로열 발레 스쿨(Royal Ballet School)에서
수학하였다는 경력이 눈에 띄었었다. 부임 후, 함께 일하면서도 'Ballet'에 관한
이야기를 나눌 시간적, 정신적 여유가 없었다. 그러던 중, 우연히 체케티 메소드
(Cecchetti Method)에 대해 이야기를 하게 되었는데, 김나이 교수가 로열 발레
스쿨에서 공부하면서, 자신도 체케티 메소드에 관심을 갖게 되어 따로 시간을 내어
공부하였다고 한다. 이유는, 잘하는 무용수들에게 다가가서 "너는 어디서, 무엇을
배웠니?" 하고 물어보면, 모두가 입을 모아 "체케티"라고 하였다고 한다. 현재,
우리나라에서는 너도, 나도, "바가노바(Vaganova Method)"이다. 물론, "바가노바
메소드"가 잘못되었다는 것은 절대 아니다.

체케티는 1850년 이탈리아 태생의 무용수이자 교사이다. 그는 1887년에
러시아, 상트 페테르부르크 "Imperial Ballet"와 계약을 맺고 뛰어난 기교로 널리
알려졌으며, 그 후 무용교사로서 안나 파블로바(Anna Pavlova), 바슬라브 니진스키
(Vaslav Nijinsky) 등, 러시아의 여러 유명 무용수들을 지도하였고, 영국에서는
로열발레단을 창설한 니네트 드 발루아(Ninette de Valois)에게 그의 교수법을
전수하였다.

바가노바는 1879년 러시아 태생의 무용수이자, 교사이다. 그녀는, 그녀 나이
9세인 1888년에 'Imperial Ballet School'에 입학하여 발레를 수학하였으며, 졸업 후
'Imperial Ballet'에 입단하여 무용수로 활약을 하다가 자신의 교수법을 창안하여
발레 교사로 널리 알려져 있다. 바가노바는 러시아에 뿌리를 내린 프랑스 스타일과

이탈리아 체케티 스타일을 혼합시켜 자신의 교수법을 개발하였으며, 이는 현재까지 세계 각지에 전파되고 있다.

1985년 러시아 개방 이후, 서방세계는 물론, 한국에도 러시아 발레가 물밀듯이 들어오고 있다. 러시아, 마린스키 발레단[Mariinsky Ballet, (구)Imperial Ballet]의 공연을 보면 정말 기가 막히다. 그들의 연습 방법이 궁금하지 않을 수 없다. 바가노바 스쿨이 이 발레단의 무용수들을 키워내는 학교이다. 그런데, 한국에서 교수되어지는 바가노바 메소드를 체험해 보면 많은 의문점들이 생기게 된다. 아마도, 가르치는 과정(how)이 아니라 가르치는 내용(what)만을 제공하는 것이 아닌가(?)라는 강한 의구심이 든다.

나는 '구세대'이다. 하지만 '열려 있는' 구세대이다. 어려서 임성남 선생님께 1970년부터 사사(師事)하였지만, 이후로도, 지금까지 발레 교수법을 연구하고 있다. 오래전, 뉴욕의 어느 헌 책방에서 「A Manual of the Theory & Practice of Classical Theatrical Dancing」이란 책을 구입하였다. 이 책은 체케티 메소드(Méthode Cecchetti)에 관한 내용이다. 나의 소매틱 발레 교수법을 든든하게 지지해 주는 하나의 지침서이다. 나의 발레 뿌리(lineage)를 생각해 보면, 체케티에게 사사한 안나 파블로바가 일본에서 공연을 하고, 그녀의 제자가 일본에 정착하여 발레를 가르치고, 임성남 선생님께서 이를 배우신 것이다. 그러므로, 나는 임성남 선생님으로부터 일본에 전파된 체케티 메소드를 배운 것이다. 나뿐만이 아니라, 아마도 임성남 선생님께 사사한 많은 분들의 뿌리 역시 체케티라고 생각된다.

오늘은 영국 로열 발레단의 무용수들을 키워내는 로열 발레 스쿨에서 1996년부터 1999년까지 수학한 김나이 교수로부터 체케티 메소드를 나의 제자들과 함께 공부하게 된 것이다. 나까지 워크샵에 들어와서 적지 않게 부담스러웠을 텐데, 어렸을 적의 기억과 수업내용을 찾아내어 알차게 워크샵을 해준 김나이 교수께 감사의 마음을 표한다.

"어! 아직까지 몸이 기억을 하고 있네요!"라고 하면서, 그 시간만큼은 컨템포러리 댄스 교수가 아닌 체케티 발레 협회에서 파견 나온 발레교사로서 우리들을 지도하였다. 평소 영국 로열 발레에 대한 특별한 동경심을 갖고 있었던 나는 러시아 바가노바 스타일과의 큰 차이를 느끼며, 다시 학생으로 돌아간 기분으로, 수업 시간 내내 행복하였다! 이번 기회에 체케티와 바가노바에 대해 다시 공부하며 그들의 메소드를 간략하게 비교, 정리해 보았다. 체케티 보따리를 우리에게 풀어준 김나이 교수에게 진심으로 감사의 마음을 전한다.

수업 후, 김나이 교수와

	엔리코 체케티 (Enrico Cecchetti)	아그리피나 바가노바 (Agrippina Vaganova)
Born−Died	1850−1928	1879−1951
출생지	이탈리아 (로마)	러시아 (상트 페테르부르크)
누구한테 배웠나요?	발레 교수법을 확립한 Carlo Blasis의 제자, Giovanni Lepri, Filippo Taglioni	왕립발레학교(Imperial Ballet School) 교사들, Enrico Cecchetti, Lev Ivanov, Christian Johannson
직접 가르쳤던 대표적 제자들은 누군가요?	• Anna Pavlova • Alicia Markova • George Balanchine • Serge Lifar • Ninette de Valois	• Vaganova Academy of Russian Ballet (구, Imperial Ballet School) 학생들, • Kirov Ballet 무용수들

특징	① Carlo Blasis의 전통적 고전 스타일
	② Pure & Clean line을 위한 과학적 방법
	③ balance, strength, agility, elevation,
	   elasticity, artistry 등 강조
		① athleticism을 포함한 프랑스 스타일과
		   이탈리아 체케티 테크닉의 virtuosity의
		   융합
		② 인체 해부학에 근거한 구조적, 과학적,
		   방법론적 접근
		③ strength, flexibility, endurance 등 강조

참고문헌	Beaumont, C. and Idzikowski, S. (1975). A Manual of the Theory & Practice of Classical Theatrical Dancing(Méthode Cecchetti). New York, NY: Dover Publications, Inc. (Original work published in 1922)	Vaganova, A. (1946). Basic Principles of Classical Ballet: Russian Ballet Technique. (A. Chujoy & J. Barker, Trans.). New York, NY: Dover Publications, Inc. (Original work published in 1934)

Compiled by KyungHee Kim, 2022

Note:

I, as a Ballet Pedagogue, rely on my own studies based on many resources.

History of Somatic Education - 1st Generation

-Founders of Somatic Education Technique-

정지형 (제 43회 참가자)

1. Frederick Matthias Alexander

2. Irmgard Bartenieff

3. Gerda Alexander

4. Moshe Feldenkrais

5. Mabel Elsworth Todd

6. Charlotte Selver

7. Ida Rolf

8. Milton Trager

1. Frederick Matthias Alexander (1869~1955)

  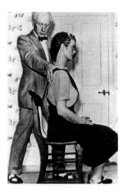

https://www.alexandertechnique.be/f−m−alexander−about−his−life−and−teaching/

- 호주 태생. 후에 Alexander Technique 개발
- 어렸을 때 몸 허약하였지만, 그 와중에 웅변, 연극을 했고, 항상 목소리에
  문제가 있었다고 함. (후두염을 심하게 앓았음) > 목소리에 대한 의문으로
  이어짐.
- 자기 몸에 대해 연구하다가, 자신의 posture와 일상적인 움직임이 어떻게
  목소리에 영향을 주는가에 초점 맞추었다. 그리하여 "경추"를 많이
  연구하게 됨.

2. Irmgard Bartenieff (1900-1981)

https://labaninstitute.org/about/irmgard-bartenieff/

- 독일 베를린 태생, 라반의 제자
- 물리치료사 일을 하면서, 전쟁 중에 힘든 사람들을 건강하게 살게끔 하는 데
  일조. 그 이후에 라반의 theory, Effort and Shape을 가르치게 되고, 후에
  LIMS에서 동작분석가들을 배출하기 시작
- 이후 다시 영국에 가서 'Connective Tissue Therapy' 근막치료 연구와,
  기공(중국의 기공)을 접하게 되면서 이에 대해서도 공부하게 됨.
- LIMS를 1978년에 창설하고, "Body Movement" 책을 출판, Basic 6를 개발.

3. Gerda Alexander (1908-1994)

https://www.wikidata.org/wiki/Q72710

- 독일 태생
- "Eutonie"이라는 프로그램을 만듦(후에 Eutony). 조화로운 근육의 긴장 / 편안한, 조화로운 근육의 긴장 "Good muscular tension"
- 관절염 증상, 관절에 문제가 많았음.
- 그녀의 프로그램은 북구 유럽에서 잘 알려진 소매틱 프로그램이고, WHO 기관에서 인정한 최초의 소매틱 움직임 수련법임.

4. Moshe Feldenkrais (1904-1984)

https://feldenkrais—method.org/archive/moshe—feldenkrais/

- 1) ATM(Awareness Through Movement) 움직임을 통해 자각하는 프로그램

  2) FI(Functional Integration) 프로그램 개발

- 러시아 태생

- 쥬도(Judo)를 학습, 검은띠를 취득한 최초의 서양인

- 일본에서 노구치 선생을 만나서 또 공부하게 됨, 일본의 영향을 많이 받음.

5. Mabel Elsworth Todd (1880-1956)

 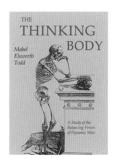

https://www.azquotes.com/author/41554-Mabel_Elsworth_Todd

- 뉴욕 태생

- Ideokinesis(이디오 키네시스) 프로그램 개발

- 어려서부터 신장(kidney)이 안 좋았고, 사고를 당해 전신이 마비되었음.

- 사유하는 몸 「The Thinking Body」 책 출판

- 뉴욕의 콜롬비아 사범대학 체육학 교육에 있으면서 사유하는 몸에 대해
  집중적으로 연구

- 대표적인 제자는 Lulu Sweigard, Barbara Clark

6. Charlotte Selver (1901-2003)

https://www.returntooursenses.com/charlotte−selver/

- 독일 태생
- 일본의 명상 마스터에게 명상도 배우고, 요가도 배움. 그러다가 미국으로 이주 후, 남편을 만나고, "Sensory Awareness"라는 프로그램을 창안함.
- 모든 인식적인 채널을 통해 사용함으로써 우리가 하고 있는 여러 가지 움직임을 어떻게 천천히 하고, 어떻게 집중하는 가에 대해 관심이 많았음.

7. Ida Rolf (1896-1979)

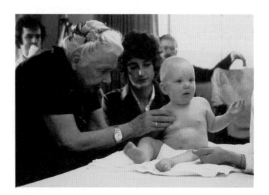

https://movementandrolfing.com/en/dr−ida−rolf

- Structural Integration (SI) / Rolfing Technique이라고도 함.

- 동양수련법으로부터 영향을 받았음.

- Chemotherapy(암 치료 요법) 환자를 보면서 대체 의학적으로도 접근

- 환자를 바닥에 눕혀놓고 손으로 하는 body work에 큰 영향을 미쳤음. body
  somatic, body work(손으로 긴장을 풀어주는)라는 표현을 씀.

8. Milton Trager (1908-1997)

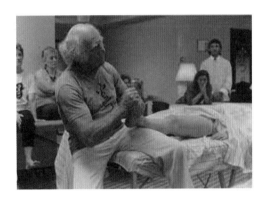

https://www.bodyworktransformation.com.au/dr-milton-trager

- 의사

- 어려서부터 선천적 척추 기형이 있음에도, 운동선수 혹은 춤을 추고 싶어함.

- 척추 기형으로 인한 학문의 길 〉 늦게 의사가 됨 〉 Mentastics 프로그램 개발.

- freer, lighter (자유롭게, 가볍게) 움직이는 것을 강조. (스스로 자유롭게, 가볍게
  척추를 움직이게끔 유도)

- "We are all healers." (우리는 모두가 치료사이다.)임을 강조함.

1st Generation 온라인 강의 중

History of Somatic Education - 2nd Generation

정지형 (제 44회 참가자)

Set 1 1. Martha Myers

      2. Anna Halprin

      3. Elaine Summers

      4. Judith Aston

Set 2 1. Sondra Fraleigh

      2. Bonnie Bainbridge Cohen

      3. Emilie Conrad

      4. Nancy Topf

      5. Joan Skinner

Set 1

1. Martha Myers (1925-2022)

http://www.egoaltar.com/marthameyers/

- Physical Education, Dance & Somatic Awareness
- 자신의 시스템을 구축했다라기보다는 체육교육, 무용교육, 소매틱 Awareness 분야로 이론적, 교육적 틀을 만들었음.
- ADF (American Dance Festival)에서 처음으로 무용 분야에 소매틱 교육을 시작 (Body Therapy 소개), Since 1980.
- 또한, Dance Medicine과 Science를 강조하였는데 이것이 International Association of Dance Medicine and Science의 기초가 되지 않았나 하는 생각이 듦. (교수님 의견)

그녀는 TV 인터뷰에서 무용 교육을 체육 교육을 통해서 소개하였고, Laban/Bartenieff 컨셉을 인용하길 좋아함.

2. Anna Halprin (1920-2021)

https://alchetron.com/Anna-Halprin

- Life/Art Process (Tamalpa Institute)
- 위스콘신 대학에서 공부, Margaret H'Doubler의 영향을 많이 받음.
- 해부학, 생리학, 물리학, 생물학 등을 공부하며, imagery에 대한 연구를 통해 kinesthetic 프로그램을 개발
- 안나 할프린은 Body, Mind, Emotion이 다 연결되어 있음을 강조
- Awareness와 Feeling이 없으면 그 움직임은 의미가 없음을 강조

– 춤을 춤으로써 춤이 healing art가 될 수 있도록 했던 개척자임 (치료 예술을 하는 데 있어 무용을 사용한 개척자 중 한 명)

– 1978년에 Tamalpa 기관 설립 (딸과 함께)

3. Elaine Summers (1925-2014)

https://www.nytimes.com/2015/01/16/arts/dance/elaine-summers-who-meshed-dance-and-film-dies-at-89.html

– Kinetic Awareness

– Socio-Emotion component를 중요시 했으며, 많은 사람들한테 도움을 받았다고 함.

– 오른쪽 hip joint에 통증을 느낌. 춤출 때 정신적, 신체적 고통에 대해 많은 의문을 가진 후 공부를 시작함.

– Alignment를 이해하기 전에는 춤추지 말라고 전함.

– 일본 사람으로부터 동양권 춤을 학습, 뿐만 아니라 미국 토착민 춤의 영향을 받았음.

– 무용을 전인적 교육 관점으로 접근하였음. (Holistic)

– 고유수용감각(proprioceptive)에 대해 집중적으로 연구 (요셉 필라테스로부터 영향 받음)

- "Simple movement Slowly" 강조 (해부학, 생리학에 기초한 움직임과 본인이 갖고 있는 발레 이미지에 대한 환상 사이의 괴리감에 대해 생각해보자.)
- 고통 없이 오래오래 춤추기 위해서는 "Slow and Gentle movement"를 해야 함.
- Film, Video 접목한 움직임, pain free movement 등 창의적인 과정을 중시함.

4. Judith Aston(n.d.)

https://www.astonkinetics.com

- Aston Patterning®
- Ida Rolf의 영향을 많이 받았음.
- 자동차 사고로 척추의 부상, 무용과 피트니스, 소매틱 Awareness 통합 연구
- 근육의 긴장이 되는 레이어를 하나씩 벗기는 작업에 집중적으로 연구하였음.
- 사람마다 신체 구조가 다르기 때문에 수업 자체가 개별적으로 이루어져야 함을 강조
- 각자의 몸의 구조와 욕구에 대해 이해해야 함. 전인교육의 중요성 언급

Set 2

1. Sondra Fraleigh (1939-)

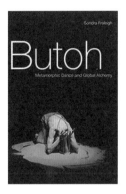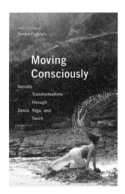

https://www.youtube.com/channel/UCN808Mh6W6ARoFV7ZFGjcUw

- EastWest Somatics
- "the flow of energy" (동양권에서의 "氣")를 이용하는 움직임 개발
- "Hands−On Touch"를 무용에 접목, "손이 닿는게 fixing이 아니라, listening이라는 것" 그것이 춤으로 이어질 수 있다고 말함.
- "Contact Unwinding" (풀어주는 것에 접촉하라), 어떤 특정한 형태로 표현하라고 강요하지 않기를 주장

2. Bonnie Bainbridge Cohen (1941-)

https://www.bodymindcentering.com/about/bonnie−bainbridge−cohen/

- Body–Mind Centering®

- Human embodiment of natural beauty 강조

- Cranial Sacrum Therapy 연구, Zero Balancing, 신경발달치료 등 여러
  프로그램 연구

- 「Sensing, Feeling, and Action」 책은 Bonnie가 인터뷰한 내용을 제자들이
  정리한 책

- Somatization 용어 사용

- 아이키도, 갓츠겐 운도, 요가 등 아시아 움직임 수련법에 영향을 받음.

3. Emilie Conrad (1934-2014)

https://continuummovement.com/founder-emilie-conrad-bio/

- Continuum 창시자

- 아이티 섬의 민속춤 연구, 세포(cellular), 유동체(fluid)에 대해 공부함.

- 미국에서 Katherine Dunham의 영향으로 Haiti에 정착, 춤 연구

- UCLA에서 라반을 공부한 선생님으로부터 학습

4. Nancy Topf (1942-1998)

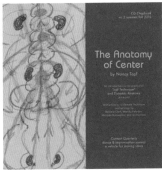

https://danicaarehart.com/other−modalities/topf−technique/

- Topf Technique 창시자

- 뉴욕 태생

- 즉흥 (음악에 반응하고, 자신을 스토리텔링하고, 심상을 이용하는 움직임)

- Ideokinesis 연구, Margaret H'Doubler와도 공부

5. Joan Skinner (1924-2021)

https://movementresearch.org/people/joan−skinner

- Skinner Releasing Technique™ 창시자

  (현대무용사에 나오는 Release Technique과 혼동하지 않아야 함.)

- 자신의 부상을 어떻게 해결해 나가야 하는가에서 시작, 무용 상해 예방
  (preventing)을 목적으로 함.

- Do not force change (바꾸려고 강요하지 말라). Force하다 보면 때로는 너의
  몸이 저항할 것임.

- Awareness is the first step to change.

- 자연과 함께 alignment 해야 한다(자연을 따라야 한다).

* 소매틱의 근원을 살펴보면 Taoism(도교, 도가 사상)이 존재. 서양 사람들이
  도가의 철학, 즉 자연스러움을 소매틱의 근본이라 생각하며 도가에 관심을
  갖게 된 것이 아닐까? 우리도 동양사상에 관심을 두고 연구해야 할 필요성이
  있다.

2nd Generation 온라인 강의 중

발레 무용수들에게서 흔히 관찰되는 변형된 아킬레스건

예원학교 3학년 이세령(제 46회 참가자)

우리가 발레를 하는 것은 아름다움을 보여주기 위함도 있지만 바른자세로 건강한 몸을 만들기 위함도 있습니다. …, 하지만 발레를 하면서 어떻게 하면 몸을 더 바르게 사용할 수 있을지 고민하는 사람은 많지 않은 것 같습니다.

발레는 온몸을 사용하여 표현해야 하는 예술이라서 몸의 바른 움직임이 더욱더 중요합니다. 특히 발 뒤꿈치에 있는 힘줄인 아킬레스건은 뒤꿈치 뼈부터 종아리 근육을 이어주는 역할을 담당하는 부위로, 발레를 하기 위해서 가장 큰 힘을 전달하는 곳이라고 생각합니다.

우리는 어릴 때부터 발레를 할 때 턴아웃이 중요하다는 이야기를 많이 듣습니다. 관절이 있는 곳마다 골반 턴아웃, 무릎 턴아웃, 발목 턴아웃 등 턴아웃을 해야 하는 부분도 다양합니다. 발레에서 근육을 늘리고, 몸을 길게 사용하고, 턴아웃을 잘 해서 아름다움을 표현해야 하는 것은 맞지만, 정도가 지나친 무리한 턴아웃은 몸을 바르지 않게 만들고, 관절의 건강에도 문제가 생길 수 있다고 생각합니다. 더구나 아킬레스건은 발레뿐만 아니라 걷고 뛰는 등 일상생활에서도 너무나 중요한 부분이라고 생각합니다.

SOMATIC BALLET PEDAGOGY WORKSHOP 영상에서 보여준 〈발레 무용수들에게서 흔히 관찰되는 변형된 아킬레스건〉 사진은 충격이었습니다. 우리의 발이 틀어진 것도 모른 채 발레를 계속한다면 더 이상 견디지 못할 것이고, 평생 발목 통증으로 시달려야 할지도 모른다는 생각이 들었습니다.

우리의 몸의 변화가 눈에 보이게 나타나기까지는 오랜 시간이 걸립니다. 올바르지 않은 모습이 되기까지 오랜 시간이 걸린 것처럼, 그것이 정상의 위치로 돌아오기까지는 그만큼의 긴 시간이 필요할 것입니다.

그러나 우리가 동작을 할 때 항상 바른 자세를 염두에 두고, 아킬레스건을 바로 세워 서도록 신경을 쓴다면 마음을 쓰는 만큼 우리의 몸도 바른 자세로 돌아와 줄 것입니다. …,

'몸의 기억(Body memory)'

김윤수 (제 47회 참가자)

Autere는 적근 섬유(red muscle fibers)를 둘러싼 결합조직의 내적인 움직임을 어떻게 자각하고 훈련해야 하며, 내부적으로 움직이는 것을 볼 수는 없지만 느껴야 한다고 강조한다. 하나의 방법으로, 움직임 이전에 눈을 감고 조용히 앉아서 공을 엉덩이에 받쳐놓고 나의 몸을, 나의 감정을 느껴보라고 제안해 주었다. 자각 즉, 마음으로 느끼는 것으로 움직여야 하는 것에 깊은 공감을 느꼈다.

Autere는 우리의 신체는 움직이는 대로 뇌가 기억을 하는 것을 '몸의 기억(Body memory)'라고 얘기하며 뇌의 기억을 바꿀 수 있는 것은 오직 감정뿐이다 라고 강조한다. 감정은 적근 섬유와 신경 체계와 연결이 되기 때문에 학습자들에게 윽박을 지르게 되면 근육이 수축하게 되어 친절해야 한다는 말씀에 동감한다. …, 마지막으로 올바른 몸에 대한 절실함으로 오랜 시간 강연을 이어나가고 있는 Autere에게 존경을 표하고 싶다.

감정 신경계와 무용 테크닉의 관계

서고은 (제 47회 참가자)

저자는 무용 동작에 관한 전통적이고 관습적인 선입견과 습관의 오류를 지적하고 있다. 우리에게 익숙한 무용의 기본 동작들이 신체 구조적으로 자칫 모순되고 공존할 수 없는 두 가지 동작을 동시에 요구하는 것일 수 있다는 문제 제기가 흥미로웠다. 그녀가 궁극적으로 하고자 하는 말은 건강하게, 그리고 보다 쉽고 효과적으로 무용을 하는 방법에 관한 것이다. 그녀는 일관되게 몸에 무리를 가하지 않으면서 자연스럽고 쉽게 할 수 있는 동작을 강조하고 있다. 동양적으로 말하자면 무위의 움직임을 추구하는 것이다.

감정에 관한 강조도 빼놓지 않았는데, 정신활동 가운데 감정적 활동을 중시하면서 감정 신경계와 무용 테크닉의 관계에 관해서 언급하고 있다. 감정의 중요성을 강조하는 신경과학자인 Antonio Damasio의 발언을 다수 인용하면서 우리를 이끄는 주요 동력이 감정에서 비롯된다고 주장하고 있다. …, 무용 이론도 다양한 논의에 대해 개방적이어야 한다. 모두에게 익숙한 기존의 방식을 개선하여 더 나은 방법을 모색하고자 하는 저자의 시도와 노력이 의미를 지니는 이유이다.

Red muscle vs White muscle

정옥희 (제 47회 참가자)

Autere는 red muscle과 white muscle을 구분했다. white muscle이 오직 run, jump, climb에만 관여하는 겉근육인 반면, red muscle은 발레의 섬세한 테크닉과 연관되기 때문에 이 부분을 단련해야 한다는 점, 나아가 정서적이고 신경적인 체계와 연결되기에 교육 상황의 정서가 중요하다는 점이 인상적이었다. 억압적이고 경직된 분위기에선 어떤 학습도 이루어지지 않는다!

　　Autere는 근막에 대해 많은 시간을 투자하며 나선형으로 연결된 근막을 이해할 때 전신을 효율적으로 사용할 수 있음을 강조했다. …, 워크샵 후 Q&A 세션에서 다른 나라 참가자들의 코멘트를 들으면서 발레 교육의 보수성이 얼마나 심각한지 오히려 깨달을 수 있었다. 아주 단순한 변화조차 받아들이기 어려워하는 것이 우리만의 문제가 아니었음을 들으니 뭔가 위안을 받는 기분까지 들었다. 그래, 십 년 전에 나온 책도 여전히 같은 이야기를 반복하며 싸우고 있다니 우리에겐 연대할 이유가 있다.

'세상에서 가장 느린 플리에'

이영주 (제 47회 참가자)

　　Annemari 선생님의 강의 내용 중 '몸의 기본적인 움직임 패턴을 이해하는 것', '다양한 훈련을 통해 나 자신에게 맞는 움직임을 찾아내는 것이 필요하다는 것', '자기 자신을 돌아보는 시간이 중요하다는 것'에 공감한다. …, 자신의 몸에 맞는 움직임을 한다면, 몸에 과도한 힘이 들어가지 않아도 움직임을 수행할 수 있을 것이라는 확신이 들었다. …,

　　Annemari 선생님이 설명하신 자신의 프로그램 중 '세상에서 가장 느린 플리에' 는 흥미로우면서 수업에 바로 적용하고 싶은 프로그램이었다. 이 프로그램의 가장 인상 깊었던 부분은 눈을 감고 천천히 플리에를 하면 어느 순간 모든 학생들이 동일한 움직임의 형태를 하고 있다는 것이다. 음악이나 외부의 자극에 맞춘 움직임이 아니라 자기 자신의 내면에 집중하면서 움직임을 한다는 것이 발레 수업뿐 아니라 다양한 수업에 적용 가능하다는 생각을 하였다.

"Life makes shape!"

윤정림 (예원학교 발레 교사)(제 47회 참가자)

발레를 배우는 사람들은 어린 시절부터 강박적으로 턴 아웃과 스트레칭에 매달려 왔다. 그러나, …, "Life makes shape!" 일상이 근육의 모양새를 만든다는 말도 생각할 거리를 안겨 주었다. 발레리나는 과도하게 몸을 혹사하는 일상을 통해 뼈의 모양이 변형되기도 한다. 어린 시절부터 계속되는 회전, 점프의 과도한 훈련과 좀 더 다리를 높이 들기 위해 기울이는 노력들은 무용수가 성장기를 거쳐 성인이 되면서 여러 가지 심각한 문제로 나타난다. 무용수의 몸에 대한 진지한 성찰과 이해는 그런 문제점들을 극복할 수 있는 유일한 방법이다. …,

거울에 비친 자신의 모습을 보는 것으로는 자신의 근육을 느낄 수 없으며 중요한 것들을 놓칠 수밖에 없다. 거울을 보지 않고 연습하며 몸이 기억하는 것 (Body memory)을 믿고 훈련해야 한다. …, 미래의 무용수들에게 보다 나은 교육과 삶의 질을 제공하기 위해, 몸에 대해 공부하고 함께 지식을 나누는 일은 계속되어야 한다.

붉은 근육 섬유와 감정 신경계

김채원 (제 47회 참가자)

잘못된 자세로 오랜 시간을 보내 잘못된 습관이 들었을 때 단숨에 고치기는 어렵지만, 신체 내부에 집중해서 인식하려고 하면 내 몸이 어떻게 작용되고 있는지 느낄 수 있다. …, 몸을 사용하는 모든 사람들에게는 기량 이전에 신체 정렬에 대한 이해가 우선적으로 필요하다.

Annemari는 예술적 표현을 가능하게 하는 핵심 근육인 붉은 근육 섬유가 감정 신경계에 연결되어 기본적인 움직임 패턴을 생동감 있게 만든다고 설명하였다. …, 우리는 불필요한 근육의 사용이나 긴장 없이 효율적인 자세와 운동으로 동작을 수행할 수 있어야 하며, 그렇게 함으로써 다양한 감정과 예술적 표현이 가능해질 수 있음을 배울 수 있는 시간이었다.

Dance Technique = Effortless

장수진 (제 47회 참가자)

〈안쪽 근육 (Inner muscles)〉
• 동작을 할 때 안쪽 근육부터 사용해야 한다.

〈근막 (Fascia)〉
• 근막은 우리를 하나로 묶어주는 생물학적 섬유이자 접착체 역할을 한다.

• 오랫동안 그 중요성을 인정받지 못했지만, 치료사들과 연구원으로부터 그
  중요성을 인정받기 시작했다.

⟨발 뒤꿈치 (heel point)⟩

⟨뼈의 변형⟩

어릴 때부터 시작된 고된 훈련으로 경골(Tibia)에서의 변형이 일어났다.

감각하기 vs 움직이기

임수민 (제 47회 참가자)

교수자의 모습을 모방하거나 또는 거울을 보며 밸런스를 맞추는 방법은 오히려 나의 몸에 대한 감각을 잊게 한다.

본 강연을 통해 나는 감각하기와 움직이기 간에 교신은 필수적이라는 사실과 함께, 뇌 전체가 정확하고 효율적인 움직임을 위해 소통하고 있으며, 다양한 방법으로 협응을 이룬다는 사실을 알 수 있었다. 우리의 정서를 자극하는 학습 환경과 교수자, 스튜디오에 있는 학습자를 둘러싼 모든 것이 신체에서 가장 먼저 일어나는 반응인 감정에 대한 반응으로, 뇌보다 감정이 선행된다는 사실에 주목하는 시간이었다. …, 이는 뇌보다 정서가 선행되며, 신체에서 가장 먼저 일어나는 반응인 정서에 대한 중요성을 살핀 계기가 되었다.

근막 체계(the fascial system)

김윤선 (제 47회 참가자)

그녀는 발레를 가르치는 전통적인 방법의 결과에 대해 이의를 제기한다. 그녀는 속근육(inside muscles)들이 대자연의 법칙에 따른 신체 정렬을 책임지고 있다고 말하며, 올바른 정렬은 불필요한 근육의 긴장을 없애고 감정을 자유롭게 표현하고 힘들이지 않고 효율적인 자세를 누릴 수 있다고 강조한다.

그녀는 적근(red muscle)과 백근(white muscle)이 인간의 감정과 깊숙이 연관되어 있다고 말하고 있으며, 이러한 근육들의 양보다는 질적인 훈련을 위해 작은 공이나 elastic band 등을 사용한 간단한 연습으로 수업을 시작할 것을 제안한다. …,

인체는 650개의 근육이 있는 것이 아니라 하나의 근막 체계(the fascial system) 속에 들어 있다. 그리고 근막은 하나의 시스템으로 조직화되어 있다. …, 근막 시스템을 통하여 인체는 긴장 상태를 달리하며 움직임을 만들어 낼 수 있다. 그녀는 일반적으로 인체를 바라보는 거시적(macro) 관점에서 벗어나 미시적(micro) 관점에서 신체를 바라보는 것은 인체의 움직임을 이해하는 데 중요하다고 말한다.

그녀는 "어린아이들에게 몇 살부터 턴아웃을 가르쳐야 할까?"라는 질문을 던지며 발표를 이어갔다. 엉덩이를 말아 넣는 턴아웃은 관절의 공간을 유시할 수 없게 되고 결국 부상을 초래한다. …, 그녀는 마지막으로 예술적 표현과 감정 신경계에 대한 근육의 연결이 기계적이고 기본적인 움직임 패턴에 생명과 의미를 부여할 수 있다고 강조하였다.

발레하는 몸

김수혜 (제 47회 참가자)

어릴 때부터 발레를 하면서 우월함에 빠져, 나는 남들이 할 수 없는 특별한 것을 하는 사람이라는 오만함을 갖고 살아왔다. 흔히 말하는 팔자걸음은 나만의 특권이었고, 쉴 때 다리를 벌리고 스트레칭하고 있는 것 또한 나만이 할 수 있는 유별난 것이었다. 나는 그 당시 발레하는 몸은 일반 사람들과 나를 구분하는 특별한 것이라 생각했다. 과연 발레하는 몸은 정말 다른 것일까? 이러한 나의 생각을 바꾸어준 책이 있다. Annemari Autere의 〈The Feeling Balletbody, 2013〉 이라는 책이다. 이 책에서는 몸의 역학적 원리를 기반으로 발레하는 몸은 결코 사람의 몸과 다르지 않다는 것을 말해준다. 이를 통해 나는 올바른 몸의 정렬을 지켜야만 아름다운 발레 동작을 할 수 있으며, 그러한 몸에서 신체적, 정신적으로 건강한 미적가치를 찾아낼 수 있다는 것을 깨달았다. 이 책은 나의 오만한 생각을 겸손하게 만들어주었다.

History of Somatic Education - 3rd Generation

The Amalgams : Somatic Movement Education and Therapy Today
(융합의 세대)

정지형 (제 55회 참가자)

1. Gyrotonic

2. Pilates Contrology

3. NIA (Neuromuscular Integrative Aerobics)

4. Dynamic Embodiment

5. Franklin Method

6. Global Somatics

7. SomaSoul

8. Somatic Expression

9. ISMS (Institute for Somatic Movement Studies)

10. VMI (Vocal Movement Integration)

11. ISMETA (International Somatic Movement Education Therapy Association)

1. Gyrotonic®

https://www.gyrotonic.com/about/juliu−horvath/

- 창시자: Juliu Horvath

- Ballet, Swimming, Yoga 등을 섭렵

- Extension(확장), Flow(흐름), Harmony(조화)를 강조

2. Pilates Contrology

http://www.kbodystudio.co.uk/when−pilates−meets−yoga−water−aerobics−and−physiotherapy/

- 창시자: Joseph Pilates

- Pilates Method라고 부르기 이전에는 'Contrology'라고 불리움

- 제한된 공간(수용소)에서 건강을 유지하기 위해 고안한 운동이 발전됨.

- 'Yoga'나 'Bode exercise movement'의 영향을 받음.

3. NIA® (Neuromuscular Integrative Aerobics)

Nia is for EveryBody, Nia practitioners come from all walks of life, from different backgrounds and nationalities. They are bound together by a shared vision: creating healthy bodies and lives. There is a place in Nia for anyone who wants to live their best life.

-Debbie Rosas, Nia Founder

https://nianow.com/about-nia

- 창시자: Debbie Rosas and Carlos Rosas

- Martial arts와 Aerobic, 그리고 Emotional expression을 융합하여 개발

4. Dynamic Embodiment™

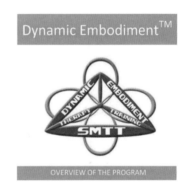

https://dynamicembodiment.org/dr-martha-eddy/

- 창시자: Martha Eddy

- Dynamic Embodiment™ is a form of somatic education and movement therapy developed by Martha Eddy, CMA, RSMT, Ed.D. that integrates skilled touch, movement, & compassionate dialogue to help people of all ages and abilities to relieve their own stress, find enhanced expressiveness, and balance all aspects of the body and psyche.

5. Franklin Method®

https://franklinmethod.com/about/

- 창시자: Eric Franklin
- 이미지를 사용하여 움직임을 기능학적으로 이해하기 쉽게 설명하는 것이 특징.
- Mabel Elsworth Todd로부터 영향 받음.

6. Global Somatics™

WHAT IS GLOBAL SOMATICS(TM)?

- An embodiment process integrating mind, body, and energy.
- The art and practice of being alive and present in your body.
- The exploration of the body as living being.

http://www.peytonmccandless.com/what-is-global-somatics

– 창시자: Suzanne River

– 체현화 과정을 설명하며, 살아있는 존재로서의 신체적 탐구 강조.

7. SomaSoul®

SomaSoul® Somatic Therapy is a mind-body healing modality that utilizes mindfulness practices and the expressive arts (drawing, journaling, movement) to aid clients in accessing and bringing healing to mind-body tension. Too often our focus in therapy is on our verbal narrative. What happened? When? Why? We tend to neglect another powerful storyteller, our body! In fact, our bodies record our emotional experience as adeptly as our mind. Our viscera and nervous systems record our entire lives and express these memories in body tension as well as emotional and physical imbalances.

https://www.heatherbe.com/somasoul

– 창시자: Dan Leven

8. Somatic Expression®

Somatic Expression®
I approach Somatics as the art and craft of conscious, creative and compassionate relationship with one's own body.

In my research on various somatic approaches, breath, vocalization, contact, stillness, and movement were consistently revealed as the five fundamental technologies embedded in us by nature for physiological and psychological health. **Somatic Expression®** combines these five objective technologies with subjective personal expression. This method for integrating bodily intelligence into daily life addresses both the functional and the expressive, making Somatic Expression applicable to healthcare, education and the performing arts.

http://www.somaticexpression.com/somatic_expression.html

– 창시자: Jamie McHugh

– Anna Halprin로부터 영향 받음.

9. ISMS (Institute for Somatic Movement Studies)

http://acronymsandslang.com/definition/2669300/ISMS—meaning.html

10. VMI® (Vocal Movement Integration)

https://patriciabardi.com

− 창시자: Patricia Bardi

− 감정에 대한 중요성, 소리 나는 것을 듣거나, 냄으로써 감정과 연결된 움직임
  강조.

11. ISMETA (International Somatic Movement Education Therapy Association)

James (Jim) Spira   Sara Vogeler

https://ismeta.org/ismeta−approved−training−programs#!directory/map
https://mobile.twitter.com/saravogeler

- 창시자: James (Jim) Spira
- ISMETA의 전신은 IMTA(International Movement Therapy Association),
  1988년에 캘리포니아에서 움직임치료협회를 만든 후, Soma를 연구대상으로
  하는 움직임의 중요성을 강조, Somatic Practitioner를 위한 전문 단체로
  발전시킴.
- 후에 Sara Vogeler가 단체명을 ISMETA로 변경함.

* ISMETA 등록 Programs

 Ease of Being
Alexander Technique Center at Cambridge

Austin Community College - Somatic Movement Education Program

 Kinetic Awareness®
Kinetic Awareness® is a somatic practice, developed by Elaine Summers. Ball work

 Laban Bartenieff Institute of Movement Studies (LIMS®)
Where movement, mind and meaning come together.

 THE CENTER FOR body-mind **movement**
Center for BodyMindMovement
Cert Programs in Somatic Movement Education; Pittsburgh, Mexico, Brazil, Chile

 Dynamic Embodiment
Dynamic Embodiment
Dynamic Embodiment© began in 1990 blending the essence of LMA/BF and BMC.

 LABAN/BARTENIEFF + SOMATIC STUDIES INTERNATIONAL™ (LSSI)
Laban/ Bartenieff & Somatic Studies International™
Training and Certification programs in Movement Analysis and Somatic Practice

 LIFE MOVEMENT
Leven Institute for Expressive Movement, LLC
Trainings in Shake Your Soul®: The Yoga of Dance and SomaSoul®

 Somatic Body Training
500 hour Training Christine Cole
somaticbody.com

 Somatic Movement Arts
Training and Workshops integrating Continuum Movement and Experiential Anatomy.

 eastwest SOMATICS
Eastwest Somatics Institute
Train in Shin Somatics® and Land to Water Yoga as developed by Sondra Fraleigh

EMOVE Institute
is an educational institute in the Laban Bartenieff Movement System

---

Somatic Wisdom
Alice Cummins' Somatic Movement Education & Research RSME/T Program Australia

Somatische Akademie Berlin
Professional trainings, workshops, classes and individual sessions.

 ESPRIT—MOUVEMENT
Esprit en Mouvement
Body-Mind Centering® Licensed Program in Montreal directed by Mariko Tanabe

 essential SOMATICS
Essential Somatics
Learn how to move through life, pain-free, with mastery and joy!

 FRANKLIN METHOD®
The International Franklin Method, Dynamic Neurocognitive Imagery

 Body-Mind CENTERING®
The School for Body-Mind Centering®
An integrated and embodied approach to movement, the body and consciousness.

 EUROLAB
EUROLAB Certificate Programs in Laban/Bartenieff Movement Studies

 EXPRESSIVE ARTS INSTITUTE OF OREGON
Expressive Arts Institute of Oregon

 The School of the Topf Technique
a centering and alignment technique stemming from the ideokinetic tradition

Voice Movement Integration (VMI) Somatic Practice
integrating voice and movement with the deepening process of bodywork.

Institute for Integrative Bodywork and Movement Therapy
Training and Professional Development Programme founded Linda Hartley

Integrated Movement Studies
Integrated Movement Studies
Certification Program in Laban/Bartenieff Movement Studies

---

uclan
MA Dance & Somatic Well-Being: Connections to the Living Body
Connections to the Living Body

Mind in Motion

 Moving Within LLC
Body-Mind Centering Somatic Movement Educator Program Lorene,Oregon .

Dr. Ida Rolf Institute®
Rolf Movement® Training Program
A somatic sensory-motor approach to movement education; complements Rolfing SI.

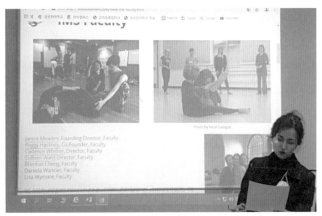

3rd Generation 온라인 강의 중

「마음으로 하는
발레 공부」
서평

성찰로 열리는 춤의 가능성

김재리(드라마투르그)

「마음으로 하는 발레 공부」는 발레교육자이자 소매틱(Somatics) 전문가인 김경희 교수(성균관대학교)가 발레의 소매틱스적 가능성을 탐구하면서 발견한 실천과 개념, 교육방법론을 총체적으로 다루고자 하는 시도의 결과물이다. 이 책은 발레의 훈련방식과 교육에 대한 문제의식에서 시작하여 춤추는 신체에 대해서 동서양을 아우르는 통합적인 시각을 다룬다. 교육자로서 저자의 시각은 신체의 해부학적, 기능학적 관점, 그리고 정신적이고 영적인 측면까지 호흡의 들숨, 날숨처럼 신체의 내 외부를 넘나든다.

개인적 체험에서 발레의 다른 가능성을 보다

이 책은 어린 시절부터 발레를 배우고, 발레리나의 직업을 가졌으며, 무용 교육자로서의 삶을 살아가는 저자의 '비극적' 경험으로부터 시작된다. 발레 훈련으로 인한 상흔과 고통을 고백처럼 시작하는 서문에서 한국에서 춤을 배우고 직업으로 삼는 거의 모든 사람들이 공감할 만하다. 춤에서 기술이 중요하고, 완벽한 기교를 펼치기 위한 훈련이 잘못된 것일까? 완벽하게 기술을 수행하는 무용수는 문제가 있는 것인가? 문제를 극복한 것일까? 저자는 기술 그 자체보다 그것을 습득하기 위한 지금까지의 교육 방식을 날카롭게 지적한다. 본인이 겪었던 체험과 신체에 남은 흔적이 바로 '문제'의 증거가 되기 때문에 서문의 내용은 촉지적으로 강렬하게 다가온다. 저자는 발레 경험을 통한 고통과 좌절의 무게만큼이나 다소 비장한 어투로 '대안적 방법'의 필요성을 강조하며 이 책의 시작과 과정을 소개한다. 뉴욕에서 만난 마사 에디(Martha Eddy: 운동생리학자, 소매틱 치료사)를 통해 소매틱스에 몰입하게 되었고, 신체와 춤이 잃어버린 시간을 찾기 위한 긴 여정의 시작점이 되었다.

> 통증을 망각하라고 강요당하는 Ballet Class,
> 경쟁심을 불러일으키고 1등과 2등, 승자와 패자를 결정하라고 강요당하는
> Ballet Class,
> 나는 이러한 '비극'이 더 이상 되풀이되지 않기를 간절한 마음으로, 절박한
> 성찰의 의식으로 이 글을 써 내려갔다. (p. 5)

이 책의 구성은 저자가 동서양의 통합적인 관점에서 소매틱의 주요 움직임 원리로 고안한 BRACED(Breath, Relax, Align, Connect, Expect, Dance)의 각각의 개념이 하나의 장(chapter)을 이룬다. 이 원리는 움직임의 단계별로, 또는 개별적으로 이해할 수 있다. 예컨대, '호흡'은 인간이 태어나기 이전부터 수행하는 행위로 '세포호흡'은 움직임의 수축과 이완과정을 말하며, 이는 인체 모든 움직임 유형의 기저를 이룬다.(p. 11) 또한 호흡은 신체에서 자동적으로 발생하는 것이기 때문에 의식의 수면 위로 올려놓고 생각하기가 어려운데, 이것을 의식화하는 것은 발레를 올바르게 수행하기 위한 하나의 방식이 되기도 한다.

> 에너머리 어티어(Annemari Autere)는 "숨을 들이쉬는 것에는 절대 신경 쓰지
> 말아라"고 한다. 그것은 대자연이 알아서 해주는 것이다. 우리가 신경 써서
> 해야 할 일은 오직 숨을 내쉬는 것이다.(p. 16)

책의 제목으로 돌아가서, '마음'이라는 단어는 단지 추상적이거나 은유적으로 사용된 것이 아니라는 것을 3장 '정렬(Align)'을 통해서 알 수 있다. 감정의 정렬과 신체의 정렬을 동양의학과 연결하여 정리한 부분은 동서양 시각의 연결을 통해 춤에 대한 새로운 시각을 제시한다. 각각의 장기는 인간의 감정과 관련이 있으며, '감정을 표현하는 춤'에서 신체의 근육과 골격뿐 아니라 더 깊은 내부의 기관까지도

의식해야 함을 학문적으로 설명한다. 이러한 논의는 이 책이 가진 미덕을
보여주는데, 편견의 대상으로 여겼던 동양의학이 오히려 몸과 춤에 대한 우리의
인식을 넓혀준다는 주장을 동양사상에 근거하여, 또한 서구의 이론과 비교를 통해
학문적으로 접근한 점이 그러하다.

멈추었을 때 보이는 것들

이 책에서 흥미로운 것은 서양의 춤과 움직임 훈련의 원리들을 동양의 철학과
수련법과 함께 다룬다는 점이다. 서구식 교육 커리큘럼으로 구성되어 있는 한국의
무용 교육에서는 동양의 관점과 학문이 거의 누락되어 있는데(한국무용도 근대화된
방식의 훈련을 채택한다), 발레에서 동양적 훈련법이라니 다소 낯설지만
정서적으로는 가까운 이중적인 감정이 들게 한다. 책에서 소개하는 불교의
가르침이나 국선도, 갓츄겐운도와 같은 심신 수련법들에서 공통적으로 강조하는
것은 자연에 순응하며, 생각을 쉬고, 마음을 멈추는 것이다. 멈추었을 때 비로소
보이는 것들이 있으며, 알아차릴 수 있는 것들이 있고, 그것이 곧 춤의 근원이
된다.

> 무위(無爲)는 일례의 부자연스러운 행위, 인위적인 행위가 없음을 뜻한다.
> non-doing, doing nothing을 의미하지만… 명상을 통해 무심의 상태가 되면
> 애써서 무엇을 하지 않아도 자연스럽게 된다는 의미이다.(p. 34)

> '정(正)'은 하나(一)밖에 없는 길에서 잠시 멈추어서(止) 살핀다는 뜻을 합친
> 글자로 '바르다'의 의미를 내포한다….(p.111)

동양의 사상과 수련법은 '지금 우리가 추고 있는 춤은 무엇을 보기 위해서,
무엇을 보여주기 위해서 하는 것일까' 하는 성찰의 기회를 제공한다. 근대화의
과정에서 멈추지 않는 운동성을 기반으로 끊임없이 스펙터클을 전시해왔던 춤에서

소외된 주체를 찾기 위해서는 '잠시 멈추어 살피는' 행위가 필요하다. 사회와 춤에서 멈춤의 순간에 우리는 신체의 더 깊은 곳을 느낄 수 있으며, 외부의 환경을 신체로 받아들일 수 있는 준비를 할 수 있다. 신체를 감각하고, 외부와 소통하며 그것에 반응하는 몸짓은 학습된 신체를 기계적으로 움직이는 것보다 춤에 더 가까운 곳에 있다. 저자는 발레 수업에서 교수자가 이전에 '열심히'를 강요받았던 학생들에게 '아무것도 하지 않기'를 어떻게 가르칠 수 있을까를 과제로 남겨두었다. 이것은 단지 교육방법론의 문제가 아닌 지금 우리가 '열심히' 살아가는 현대의 삶에 관한 문제이기도 하다. 무용 교수자가 고려해야 할 것은 무용 훈련에서 움직이지 않는 순간을 두려워하지 않는 분위기를 만드는 것과 명상과 같은 방법을 적용하는 것도 좋은 방법이라고 제안하고 있다.

춤으로 나와 세상을 연결하기

이 책에서 다루고 있는 움직임의 원리와 실천의 방식들은 단지 무용수의 신체적 조건을 건강하게 만들고, 기능을 발전시키기 위한 것만은 아니다. 일상을 어떤 자세와 태도로 대할 것인가에 대한 통찰이 더 중요한 것임을 책의 곳곳에서 말해주고 있다. 어떤 마음으로 춤을 추는가를 고민하는 것은 내가 세상을 어떤 마음으로 살아갈 것인가를 고민하는 것과 다르지 않다. 세상의 이치와 춤의 이치를 깨닫는 것은 '호흡'과 같은 생명을 유지하기 위한 기초적 행위를 의식하는 것에서부터 시작할 수 있다.

마지막으로 독자들에게 몇 가지 권유하고 싶은 것은 먼저 책에서 제시한 내용들을 신체로 경험하는 것이다. 이 책에서도 강조하고 있는 체화(Embody)와 스스로 마음챙김(Mindfullness)을 직접 연습해보는 것도 이 책을 잘 활용하는 것이며, 저자가 강조하는 몸과 생각의 조화이기도 하다. 부록에 실린 소매틱 발레 (Somatic Ballet)의 페다고지 워크숍의 수업 내용들을 참고하는 것도 도움이 될 것이다.

바르고 선한 마음은 어떻게 해야 하는가? 바로 몸이다. 몸으로 실천해야 하는 것이다! 몸 상태의 반영이 생각이다. 다시 말해, 생각이 곧 몸의 상태이며, 몸의 언어가 생각이다. 즉, 생각이 '몸'이다.(p. 107)

또 한 가지는 일러스트로 설명된 움직임의 원리와 신체의 이미지들을 잘 살펴볼 것을 권한다. 만약 개념어나 전문적인 용어가 어렵게 느껴진다면 원리를 가장 쉽게 이해하기 위해 이미지를 사용할 것을 제안한다. 원리의 핵심적인 요소만 유머스럽고 핵심적으로 소개한 이미지를 통해 이 책이 깊이 있는 이론과 통찰을 제공하는 것뿐 아니라 많은 사람들에게 넓게 쓰임이 되고자 하는 저자의 사려 깊은 '마음'을 읽을 수 있을 것이다.

출처: 춤과 사람들, (2021년 11월호), pp. 77-79.

『마음으로 하는 발레 공부』 서평

제환정(대한무용학회 편집위원장)

통증을 망각하라고 강요당하는 Ballet class! 경쟁심을 불러일으키고
1등과 2등, 승자와 패자를 결정하라고 강요당하는 Ballet class!
나는 이러한 '비극'이 더 이상 되풀이되지 않기를 간절히 바라는 마음으로,
절박한 성찰의 의식으로 이 글을 써 내려갔다. 이렇게 해서라도 예전에
잘못 가르쳤던 옛 제자들에 대한 미안한 마음을 조금이나마 덜어낼 수
있다는 생각으로 최선을 다하였다. — 머리말 p.5

무용수의 몸은 소진한다. 수평과 수직의 원리를 따르는 발레의 아름다움
이면에는, 종교적 헌신에 비길 만큼의 반복적이고 집요한 훈련이 존재한다. 저자는
성균관대학교 무용학과 교수로 오랜 시간 발레전공 학생들을 지도해왔다. 2012년
스스로 몸의 이상을 감지한 이후 무용수의 몸에 대해 관심을 가지게 되었고
소매틱의 세계로 입문하였다. 여러 소매틱 프로그램들을 체험하면서 공통된
움직임 원리를 정리하여 "B-R-A-C-E-D" 원리를 만들었다. 건강한 움직임이
건강한 삶으로 연결된다는 믿음으로 그동안 공부하고 체화한 결과를 모은 책이
〈마음으로 하는 발레 공부(2021)〉이다.

"테크닉에 헌신하는 몸"으로서의 무용수에 대한 성찰과 비판적 토론은
오래되었지만, 그것이 실질적인 엘리트 무용교육에 적용되기란 쉽지 않다. 그러나
무용수들의 건강과 행복을 담보로 한 신체의 소진은 한 인간으로서의 존엄성을
흐리게 만든다. 무리한 스트레칭으로 유연해진 몸과 바르지 않은 자세로 춤을 추는
무용수들은 끊임없이 부상과 통증에 시달린다. 매 번의 무대와 클래스가 오디션인
무용수들에게는 몸의 혹사나 부상은 성실함의 반증으로 여겨져 왔다. 아프지

않으면, 스스로의 성실함을 의심한다. 이 책은 저자가 '소매틱'의 세계로 들어간 이후 '이러한 비극이 더 이상 되풀이되지 않기를 간절히 바라는 마음으로(머리말 p.5)' 써 내려간 책이다. 과도하게 몸을 혹사시키며 그로 인한 통증을 '망각'하라고 가르치지 않도록 말이다.

저자는 몸을 학대하며 춤을 추는 발레를 반대한다. 호흡을 잘하여(Breathe), 긴장을 풀고(Relax), 몸의 정렬을 맞추어(Align), 잘 연결시키고(Connect), 잘 될 것이라고 믿으며(Expect), 춤을 추기를 원한다. 즉 올바른 신체의 정렬과 건강한 희망을 품은, 몸을 살리는 춤을 추기를 갈망한다. 현란한 기교로 관객을 감동시키고자 애썼던 발레 학습에서 탈피해, 자신의 몸과 마음을 사랑하고 더 나아가 관객과의 교감을 통해 감정으로 관객과의 일체감을 형성해 나갈 수 있는 "건강하고 행복한 무용수"를 만들고자 하는 저자의 진심이 담겨 있다.

이 책은 다른 많은 발레 서적처럼 서양 학문의 관점에서 바라본 춤의 이론만 늘어놓지 않는다. 오히려 저자는 '동양의 몸과 서양의 몸은 다르지 않다'라고 말하며 중국의 고전 서적을 인용하며 동양적 관점을 현대의 지식과 결합시켜 설명한다. 제자에게 이야기를 들려주듯, 저자가 주장하는 "B–R–A–C–E–D" 원리를 사진과 그림을 곁들여 차근차근 설명해 나간다.

저자는 춤을 설명하면서 인간이 생명을 이어나가기 위한 가장 기본이자 필수 요건인 호흡을 분석하는 것부터 시작해서, 명상과 마음챙김에 대한 내용으로 무용수의 마음까지 어루만진다. 춤의 어원을 분석하여 춤이란 무엇인가를 탐구하며 춤을 추는 데 필요한 뼈와 근육에 대한 해부학적 지식과 더불어 동양의 의학과 철학까지 포괄한다. 논리를 따라가다 보면 동서양의 의학과 철학은 춤을 잘 추기 위해 오랜 시간 연구된 학문인가라는 생각이 들 정도이다. 저자가 스스로 체득하고 깨달은 내용들을 방대한 이론적 지식으로 구조화한 뒤, 현장의 경험과 사유 안에서 충분히 발효시켜 독자가 이해하기 쉬운 언어로 부드럽게 갈아서 내어놓는다. 인용하고 참조한 자료들은 상세하게 정리되어 다음 학자를 돕는다.

각 챕터를 나누어 살펴보면 다음과 같다.

1. Breathe

춤은, 숨에서 시작한다. 저자는 책의 첫 장에 생명을 보전하고 유지하는 기본을 이루는 호흡을 배치해 호흡에 필요한 근육들을 해부학적으로 분석하고 숨을 충분히 내쉬는 것을 강조한다. 다양한 사진과 설명을 곁들여 발레 수업에서 강조되는 풀업(pull-up)은 상체를 올리라는 것이 아니라, 숨을 충분히 내쉬면서 횡격막을 이완시키는 것임을 설명한다. 이를 단전호흡과 비교하여 결국 동서양의 학문은 통한다는 주장을 펼치기 시작하는데, 이 논조는 책의 끝까지 유지된다.

2. Relax

춤추기는 힘주기와 힘빼기, 그 완급의 조절이 중요하다. 상급반의 교사들은 몸에 힘을 빼라고 가르친다. 그러나 어떻게 가능할까. 오랜 기간 힘주는 것만 배워왔던 발레 무용수들에겐 힘을 빼고 춤을 추는 것이 쉬운 일은 아니다. 저자는 명상을 통한 마음챙김을 제시한다. 움직임을 잘하려면 반드시 몸을 이완시켜야 하며 이는 명상과 마음 챙김으로 실현할 수 있다는 것을 다양한 예시를 통해 설명한다.

우리 몸에는 균형을 잡으려고 하는 반사작용이 있으며 이러한 자연적인 평형 반응 감각을 느끼기 위해 몸의 긴장을 풀면 "균형이 저절로 잡힌다"고 주장한다. 몸의 긴장을 풀고 호흡으로 마음의 안정을 찾으며 자신을 믿는 것에서 출발한다. 억지로 무엇을 하려고 하지 말라며 다른 발레 교수법과는 다른 지침을 제시한다.

3. Align

춤을 추기 위해서는 기본적으로 바른 자세가 요구된다. 이를 위해서는 몸통을 이루는 척추뼈와 갈비뼈, 골반뼈에 가장 가까이 붙어 있는 속근육(고관절 회전근, 대요근, 횡돌기극근, 전거근, 그리고 횡격막)이 동원되는데, 이를 내장기관과 연결하여 동양 의학의 오운(五運)으로 설명한다. 이러한 연관성을 "인간의 장기 속에 그 사람의 인격과 감정이 들어 있다"(p.58)는 고대 히브리 사람들의 사고와 연결시킨다.

오랜 기간 발레를 수련하면 자세가 바르게 되기도 하지만, 고질적인 부상과 통증을 달고 사는 경우도 많다. 저자는 골반을 밀어 넣고 배를 집어넣도록 요구되는 기본자세가 척추의 기형을 야기할 수 있는 가능성을 제시하며, 그동안의 잘못된 교육에 일침을 놓는다. 인체에 관한 올바른 이해를 요구하며 인간의 발달과정에서 자연스럽게 형성되는 네 종류의 2차 만곡에 대해 설명하며, 교육자들에겐 몸을 혹사하는 교육을 멈추기를, 무용수들에겐 자신의 몸을 학대하는 동작을 멈추기를 호소한다.

4. Connect

춤을 추는 데 있어 우리 몸의 뼈와 근육만 움직인다면 기계와 다름없을 것이다. 춤이 일상의 몸짓과 다른 의미를 갖는 까닭은 우리의 내적 감정을 반영하기 때문이다. 그런데 대다수의 무용인들은 자신의 몸 안에 무슨 일이 일어나고 있는지를 인지하지 못하며, 자신의 내적 감정에 대해 무관심하거나 무시를 하는 경향이 있다. 저자는 "끊임없이 자신의 내면과 대화하며, 조화로운 관계를 유지시켜, 내적인 면과 외적인 면의 연결시키는 것"(p.77)의 중요성을 강조한다. 서양의 Inner-Outer 개념과 동양 철학의 음양 개념을 동원하여, 외면과 내면의 연결성을 반박하지 못하게 한다. 이를 통해 우리의 외면과 내면이 "가장 적절하게 조화가 이루어져야만 비로소 인간이 건강하게 존재할 수 있게 되며, 따라서 건강한 춤이 가능"하다고 주장한다.

인간의 발달과정에서 자연 발생적으로 움직임의 기초 유형이 형성되어 나타난다. 저자는 이러한 움직임의 기초유형을 바티니예프(I. Bartenieff)의 5가지 기본적 신체 연결 이론으로 설명하는데, 이를 하나하나 동양의학의 경락체계와 비교하여 고찰한다. 책의 처음부터 끝까지 서양의 이론과 동양의 이론을 비교하며 우리 몸과 마음에 대해 설명하는데, 그 두 문명의 연결성도 놀랍지만 동서양의 의학과 철학을 아우르는 통찰이 담겨 있다.

5. Expect

저자는 몸과 마음이 하나임을 강조하며 무용을 가르치거나 무용을 하는 사람은 반드시 "바르고 선한 마음으로 몸과 마음을 지극정성으로 극한까지 발휘"(p.109) 하여야 한다고 주장한다. 무용수에게 바르고 선한 마음은 무엇일까. 저자는 우리 민족 고유의 정통적인 심신 수련법으로 내려온 「국선도」의 '정심(正心)'을 제시한다. 이를 도교와 유교 사상에서 나타나는 칠정과 오지로 연결시키고 더 나아가 동양의학의 우주관인 오행으로 확장시킨다. 우리 몸 안의 다섯 장부 안에 7가지 감정(칠정)이 내재되어 있는데, 이를 다시 동양의학에서 말하는 정신적 실체인 혼(魂), 신(神), 의(意), 백(魄), 지(志)를 뜻하는 오지(五志)로 설명한다.

6. Dance

저자는 동서양의 문화를 통틀어 "춤"과 "Dance"의 어원을 파헤치며 춤의 개념을 정립하고 춤의 본질에 다가간다. 춤은 "인간감정의 본능적 표출(p.131)"이며 따라서 발레 무용수는 관객을 "기술이 아닌 '감정표현'으로 감동(p.131)"시켜야 한다고 주장한다. 춤을 이해하기 위해서는 "인간감정의 본능적 표출"인 춤을 일으키는 내적 충동 즉 'Effort(에포트)'를 이해하는 것이 매우 중요하며 이를 라반의 Effort(에포트) 개념을 사용해 네 가지 요인으로 설명하고 있다.

저자는 책의 가장 마지막에 "동작의 습득과 함께 각 동작을 하기 위한 마음 자세를 이해하고 수행할 수 있다면, 발레를 보다 효율적으로, 덜 고생하면서, 덜 아프게, 부상을 줄이면서" 할 수 있지 않을까 하는 희망을 적어 두었다. 이론의 나열이 아니라, 본인 스스로 아픈 몸을 이끌고 하나하나 체득해 나간 소중한 노하우를 현대의 의학과 고전의 힘을 빌려 증명해 낸다.

춤을 추는 사람이라면 공감할 수 있는 우리 몸과 마음에 대한 이야기가 동서양의 지식과 융합되어 눈 앞에 파노라마처럼 펼쳐진다. 무용수의 몸에 대한 책이지만, 그리스-로마 시대의 사람을 만날 수도 있고, 공자의 견해도 경청할 수 있다. 공간적으로는 동서양을, 시간적으로는 고대와 현재를 종횡무진하며 춤에 대한 생각과 이론들을 찾아내어 연결한다.

이 책은 춤을 가르치는 교육자뿐만 아니라 춤을 배우는 학생들도 읽어 보아야 하는 책이다. 교육자들은 이 책을 통해 그동안 관례처럼 해 왔던 지도 방법을 재인식하고, 무용수의 몸을 사랑하고 이해하여 "행복한 무용수"를 탄생시키는 데 도움을 받을 수 있을 것이다. 춤을 배우는 학생이라면, 춤을 추는 자신의 몸을 잘 이해하고 자신을 사랑하며 춤추는 방법을 알게 될 것이다.

출처: 대한무용학회 논문집(2021), 제 79권(4호), pp. 273-276.

생각하는 몸,
발레하는 몸

1판 1쇄 발행 2022년 11월 4일
1판 2쇄 발행 2023년 12월 15일

지은이 김경희
펴낸이 유지범
펴낸곳 성균관대학교 출판부
등록 1975년 5월 21일 제1975-9호

주소 03063 서울특별시 종로구 성균관로 25-2
대표전화 02)760-1253~4
팩시밀리 02)762-7452
홈페이지 press.skku.edu

ⓒ 2022, 김경희

ISBN 979-11-5550-562-5 93680